# 手作りお菓子の教科書

### プロが教える本当のコツ

オンラインスイーツスクール
Saki.+／パティシエ

## 中嶋咲絵

**KADOKAWA**

# お菓子作りの悩み、この本で解決します！

### 失敗したくない！

## 大丈夫！
## たっぷりの写真と
## 丁寧な説明だからわかりやすい！

写真も説明も多いと、ちょっぴり難しそうに見えるかもしれませんが、
プロを育てる製菓学校の元講師で、
今はオンラインスイーツ教室の講師をしているからこそわかる

- ・初心者さんがつまずきやすいポイント
- ・見極め方のめやす
- ・こうすると失敗するよ
- ・どうしてこの工程が必要なのか

という内容を製菓理論に基づき、わかりやすく
細かく徹底的に解説しています。
失敗してしまうやり方や、作業の理由がわかるだけで、成功に一歩近づきます。

# 作ってみたけど見た目がイマイチ…。

## 「プロ」ならではの
## 見映えよく仕上げる秘密、特別に教えます！

パティシエがお店で販売するお菓子を作るときに使っている技を、
おうちの道具や環境でもできる方法にして紹介しています。
たとえば、

- ケーキの角をピシッと立てる方法
- フロランタンは裏返して切る
- 美しく仕上げるデコレーションの仕方　etc…

など、誰でもできる技で見映えもワンランクアップしたお菓子に！

# 洗い物や計量がめんどくさい！

## わかります（笑）！　なので…
## 計量はスケールだけ。
## 道具も最小限になるように工夫しました！

材料の分量は全て「g（グラム）」で表記しています。
なので、計量に使うのはスケールだけでOK。大さじ、小さじ、計量カップ、必要ありません！
ハンドミキサーの羽を再利用したり、ボウルの中でホイップクリームのかたさを変えたりする
などして、洗い物もなるべく減らせるようにしています。

# はじめに

私はこれまで20年、パティシエとしてお菓子に携わる仕事をしてきました。
高校卒業後プロの現場で10年以上「作る」修業をし、
その後製菓学校に転職し「教える」技術を身につけました。
そして現在は「作る」×「教える」スキルを活かし、
一般の方向けのオンラインレッスンやYouTubeの配信をしています。

「お菓子作りのプロ＝教えるプロ」というわけではありません。
プロの現場、製菓学校、家庭向けとそれぞれ環境に合ったレシピや工程があり、
"家庭だからこそ"できることもたくさんあります。

この本では、お店で売られているようなお菓子を
家庭でもおいしく作れるようになるための大事なポイントや細かな見極めを、
たくさんの写真と解説に重点をおき、わかりやすくお伝えしています。
この本のお菓子が作れるようになると、お菓子作りの基礎が身につき、
材料の特性などの理論が理解できるようになってきます。

お菓子はいつも人の幸せの中にあるものだと思っています。
お菓子作りを通して皆さんの幸せに繋がるような、
何よりお菓子作りを楽しむキッカケになって欲しいと願っています。

オンラインスイーツスクール
Saki.+
パティシエ

中嶋咲絵

# Contents

## 第 1 章

# 手軽に作れるケーキ

## 第 2 章

# チョコレートのお菓子

## 第 3 章

# クッキーとタルト

# 第4章
# 気軽に作れる小さいお菓子

# 第5章
# 特別なときに作りたいケーキ

# 本書の使い方

**1** ## 作りたいお菓子を決めよう

本をパラパラめくって眺めたり、おうちにある材料や道具と相談したりしながら、まずは何を作るか考えてみましょう。

**2** ## レシピと材料・道具のページを見ておこう

作りたいお菓子が決まったら、まずは材料と下準備、作り方をよく読みましょう。「材料について」「道具について」（p.10~15）で、出てくる材料や道具についても見ておくと○。作り方の流れやポイントを先に確認することで、スムーズに作業ができます。

**3** ## 道具を準備し、材料を計量しよう

道具と材料は全て先に出しておくと、作業がスムーズです。材料はスケールを使って計量し、必要な下準備もしておきましょう。型紙を敷く場合は「お菓子作りの準備」（P.16）で確認してくださいね。冷蔵庫で冷やす工程がある場合は、冷蔵庫のスペースを開けておくのを忘れずに。

**4** ## 作ってみよう！

道具の準備、材料の計量と下準備ができたら、お菓子作りスタートです。レシピの手順に沿って、作業を進めましょう。混ぜ終わりの見極めやオーブン予熱スタートの段階もレシピ通りに進められれば、きっとおいしいお菓子が完成するはず！

**5** ## 「理論」のページを読んでみよう

お菓子が完成して、片付けも終わって、おいしく作ったお菓子をいただいたら、お菓子作りを振り返りながら、各レシピに関連する「理論」ページを読んでみましょう。うまくいった理由や、もし少し失敗してしまっていたら失敗した理由を知っておくと、次回はもっとおいしく素敵なお菓子を作ることができるようになりますよ。

# 本書の見方

**「基本」と「アレンジ」**
ベースとなる作り方のレシピには「基本のレシピ」、「基本のレシピ」と同じ種類のお菓子の違う作り方や、似た作り方の違うお菓子には「アレンジレシピ」がついています。

**時間**
「作業時間」は実際に手を動かす時間、「焼き時間」はオーブンで焼成するのにかかる時間です。冷蔵庫で冷やす時間や、休ませる時間は含まれていません。

**ポイント**
このお菓子の準備から完成までの全体を通して、おいしく、見映えよく、失敗しないで作るために、意識したいことや伝えたいことをまとめています。

**学べること**
このお菓子を作っているうちに身につく製菓技術や知識。今後のお菓子作りにも活かせる一生ものの技術や知識です。

基本の
レシピ
⏱ **作業時間** 20分 + **焼き時間** 30分

## 米粉のシフォンケーキ

第1章

ケーキ｜米粉のシフォンケーキ｜準備

**ポイント**
・米粉を使うと生地がしっとり仕上がる
・米粉はダマが出来ないのでふるわずに入れてOK！
・米油はサラダ油（または太白ごま油）でもOK！
・ベーキングパウダーは入れなくてもふくらむ。加えると、ふんわり軽く仕上がる

**学べること**
・シフォンケーキに適したメレンゲのかたさ
・気泡をつぶさず効率よく混ぜ合わせる方法

材料（直径17cmシフォン型 1台分）

卵黄 …4個分
グラニュー糖…20g
米油…30g
牛乳…60g
米粉…70g
ベーキングパウダー…2g
卵白…4個分
グラニュー糖…50g（メレンゲ用）
バニラペースト…少量（少量加えることで卵臭さがなくなる）

シフォン型は底と筒につなぎ目のないものがおすすめ
20cmのシフォン型で作るときの分量はp.44

**下準備**
・卵を卵黄と卵白に分け、卵白は冷蔵庫で冷やす。
・米粉とベーキングパウダーはよく混ぜ合わせる。

手軽な材料でパッと作れるのがシフォンケーキ。
米粉を使うことでしっとりふわふわに焼き上がります。
あまり細かなことは気にせずに作れるので、
私のシフォンケーキは米粉一択です！

準備ができたら、作ってみよう！

**このお菓子について**
写真のお菓子の味わいや主要なコツ、ポイントなどをまとめています。何を作ろうか、迷っているときのヒントに。

**材料**
このお菓子を作るために必要な材料です。生地とクリームなどに分けて記載しているレシピもあります。

**下準備**
お菓子作りを始める前に準備しておきたいものについてまとめています。写真つきの場合もあります。

**道具**
主要な道具とは別に、このお菓子を作るために必要な道具です。選び方などの説明が記載されている場合もあります。

## 大まかな工程
今、行っている作業の大まかな分類です。

## 使う道具
その手順の作業のとき、混ぜたり、泡立てたりするのに使う道具などを記載しています。

## オーブンの予熱
ベストな状態で焼成をするためのオーブン予熱をスタートするタイミングのめやすです。早すぎると焼成時にオーブンがさめて予熱し直し、遅すぎると焼成時にオーブンが温まらず待つことになり、焼成のベストタイミングを逃してしまいます。

## 見る順番
レシピが見開きにわたっている場合は、ページをまたいで左から右に読みます。

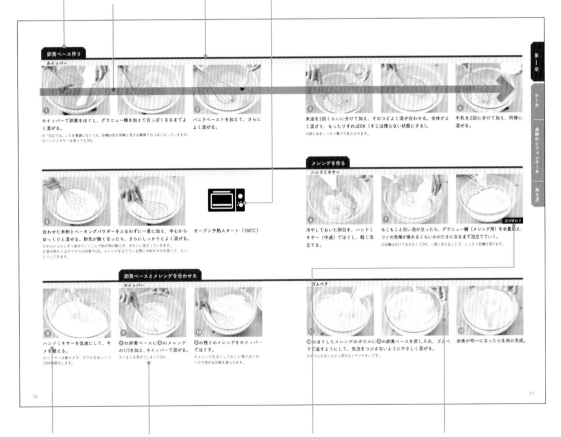

卵黄ベース作り

ホイッパー

ホイッパーで卵黄をほぐし、グラニュー糖を加えて白っぽくなるまでよく混ぜる。
※「泡立てる」ことを意識しなくても、砂糖の粒が卵黄と混ざる摩擦で白っぽくなっていきます。
※ハンドミキサーを使ってもOK。

バニラペーストを加えて、さらによく混ぜる。

米油を3回くらいに分けて加え、そのつどよく混ぜ合わせる。全体をよく混ぜ、もったりすればOK（すじは残らない状態にする）。
※卵と油をしっかり繋げて乳化させるため。

牛乳を2回に分けて加え、同様に混ぜる。

メレングを作る

ハンドミキサー

合わせた米粉とベーキングパウダーをふるわずに一度に加え、中心からゆっくりと混ぜる。粉気が無くなったら、さらにしっかりとよく混ぜる。
※中心から少しずつ混ぜていくことで粉が飛び散らず、きれいに混ざっています。
※混ぜ終わりはサラサラの状態でOK。メレングを混ぜている間に米粉が水分を吸って、もったりしてきます。

オーブン予熱スタート（180℃）

冷やしておいた卵白を、ハンドミキサー（中速）でほぐし、軽く泡立てる。

混ぜ終わり

もこもこと白い泡が立ったら、グラニュー糖（メレング用）を全量加え、ツノの先端が垂れるくらいのかたさになるまで泡立てていく。
※砂糖は分けて加えなくてOK。一度に加えることで、しっかり砂糖が溶けます。

卵黄ベースとメレングを合わせる

ホイッパー

ハンドミキサーを低速にして、キメを整える。
※ミキサーは動かさず、ボウルをゆっくり30秒程度回します。

⑤の卵黄ベースに⑧のメレングの1/3を加え、ホイッパーで混ぜる。
※ぐるぐる混ぜてしまってOK。

⑧の残りのメレングをホイッパーでほぐす。
※メレングをほぐして粉がはなれ、ヘラで混ぜる回数を減らせます。

ゴムベラ

⑩のほぐしたメレングのボウルに⑨の卵黄ベースを戻し入れ、ゴムベラで返すようにして、気泡をつぶさないようにやさしく混ぜる。
※ボウルも回しながら混ぜるとやりやすいです。

全体が均一になったら生地の完成。

32

33

第1章

ケーキ

米粉のシフォンケーキ

作り方

## 作り方
行う作業について説明しています。

## コツ
お菓子をおいしく、見映えよく、失敗せずに完成させるために、その作業のときに行うべきコツや、作業がしやすくなる技、何をすると失敗するか、その作業の役割や意味などを全て「※」で記載しています。ここにプロの技と知識が特に詰め込まれています。

## 見極め
「混ぜ終わり」「泡立て終わり」の生地などの状態を記載しています。自分で作るときに混ぜ終わりでよいのか迷ったら、写真と見比べてみましょう。

## 矢印など
実際の手の動かし方など、よりわかりやすくなるよう写真にも説明を記載している場合があります。

# 材料について

本書のお菓子作りで使用する
主要な材料について説明します。

---

## 粉類 　2種類以上を一度に加えるときは、混ぜ合わせてから加えます。

### 薄力粉

お菓子作りに欠かせない材料です。基本的にはふるって使います。フードプロセッサーで混ぜるときだけは、ふるわなくて OK。

### 米粉

本書ではシフォンケーキで使います。ダマになりにくく、ふるう必要がありません。

### アーモンドプール

アーモンドの粉末。よい風味を与えてくれるだけでなく、お菓子によって、しっとりさせたり、さっくりさせたりすることができます。

### ベーキングパウダー

加熱するとガスが発生し、お菓子をふくらませます。

### 打ち粉

一般的には、強力粉（薄力粉に比べて粒子が粗いので作業台に広がりやすい）を使います。

### ココアパウダー

砂糖やミルクの入っていない 100％の純ココアを使います。

---

## 砂糖 　甘みのもととなるだけでなく、メレンゲの気泡を強くしたり、
お菓子の水分をキープする役割も担っています。

### グラニュー糖

お菓子作りによく使われるサラサラとした砂糖。本書でも一番多く使います。溶けやすい微粒子タイプがおすすめ。

### 上白糖

グラニュー糖よりしっとりしています。生地をしっとりさせるスポンジなどで使います。

### 粉糖

粉末状の砂糖。サクッと仕上げたいクッキーやタルト生地で使います。また、コーティング加工がされた溶けない粉糖は、デコレーション用に。

**はちみつ** 　コクのある味わいになります。砂糖と合わせると固まってしまうのですぐに混ぜることを忘れずに。
**水あめ** 　なめらかに仕上げたい生チョコレートなどで使います。砂糖の結晶化を防ぐ効果もあります。

## 卵

本書ではMサイズ（約50ｇ）を使います。

本書では「全卵（卵白も卵黄も一緒に）」、「卵白」、「卵黄」と表記しています。卵白は主にメレンゲ（→ p.35）を立てたいときに使います。

## 油脂

バターやオイル、チョコレートと生クリームにも含まれます。

### バター

本書では塩分不使用のバター（レシピでは「無塩バター」と表記）を使います。温度管理が大切なので、お菓子に合わせて温度を調節しましょう。

### 米油

香りやクセの少ないオイルです。ないときはサラダ油や太白ごま油で代用しても OK。バターで作るよりも軽い食感に仕上がります。

## 乳製品

### 牛乳

お菓子作りでは、成分無調整の「牛乳」を使います。

### 生クリーム

本書では、主に動物性乳脂肪分 40％程度のものを使います。チョコレートのお菓子を作るときは、チョコレートにも油脂が含まれるので、乳脂肪分35％のものを使います（→ p.137）。生クリームをホイップクリームにしたいときは、よく冷やしながら泡立てましょう（→ p.127）。

## チョコレート

製菓用のクーベルチュールチョコレートを使いましょう。

（左）**スイートチョコレート 55%**
（右）**ミルクチョコレート　33%**

一般的にお菓子作りで使いやすいのは、カカオ分 55％ 程度のスイートチョコレートです。チョコレートには油脂も含まれるので、本書のレシピではお菓子全体の油脂量がちょうどよくなるように材料全体でバランスを取っています。写真のほかにコーティング用に作られたチョコレートもあり、テンパリング不要で美しく仕上げられて便利です。

## 風味づけ　お菓子の風味づけのために少量を使うことがあります。

### レモン果汁

さっぱり爽やかな風味にしたいとき、少量を加えます。市販品を使ってもOK。

### （左）グランマニエ（右）ラム酒

なければ加えなくても作ることはできますが、加えるとより豊かな香りと味わいに仕上がります。

このほかに、バニラペーストなどを使用していますが、なければバニラオイルなどで代用することもできます。

## その他　具材として使用しているもの

- ・フルーツミックス
- ・抹茶
- ・かのこ豆ミックス
- ・バナナ
- ・オレンジピール
- ・インスタントコーヒー
- ・無塩ミックスナッツ

- ・紅茶
- ・スライスアーモンド
- ・フルーツ
- ・くるみ（素焼き）
- ・スキムミルク
- ・ラムレーズン

など

# 道具について

本書で使用している道具と
その役割について説明します。

## スケール

本書で計量に使うのは、キッチンスケールだけです。0.1ｇまで計量できるスケールを持っておくとよいでしょう。

## 耐熱ボウル

本書では、作り方が見やすいようにガラス製のボウルを主に使用しています。ただし、ガラス製は温度調整が難しいので、湯せんなど温度管理が必要なときはステンレス製を使いましょう。材料計量用に、小さいボウルをいくつか持っていると便利です。

## ホイッパー（泡立て器）

泡立てたり、混ぜたりするときに使う必須道具。手になじみ、使いやすいものを選びましょう。少量を混ぜるとき用に小さいサイズも持っておくと便利です。

## ハンドミキサー

生地に空気を含ませたいときや、ホイップクリームを作るときに使います。

## ブレンダー・フードプロセッサー

本書では、フードプロセッサー機能もあるブレンダーを使用しています。バターを溶かさずに作業ができるので、よい状態の生地を時間をかけずに作ることができます。

## ゴムベラ

生地全体を混ぜる、はらうときに使う必須道具です。耐熱のものを使いましょう。

## カード

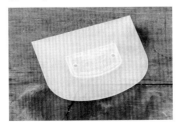

切り混ぜるときなどで使います。耐熱性のものを持っておくと便利です。

## 粉ふるい・茶こし

粉をふるうときに使います。少量のときや、デコレーションのときは茶こしでOK。

### はけ

主にシロップやナパージュを塗るときに使います。シリコン製でもOK。

### 型

お菓子に合わせて適したサイズや加工のものを使いましょう（右図参照）。

### オーブンペーパー

生地などがくっつかないようコーティングされた紙です。焼成するとき、天板に敷いたり、型の内側に切って敷き込む型紙として使用します。

### シルパン・シルパット

本書ではクッキーなどを焼くときに使いますが（→p.70）、なければオーブンペーパーで代用することも可能です。

### ケーキクーラー

焼成したお菓子をのせて、さますときに使います。

### 絞り袋・口金

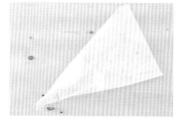

生地やクリームなどを絞るときに使います。絞り袋の準備（→p.17）をしてから、中身を入れましょう。

### その他

- **包丁、まな板** 　生地や完成したお菓子をカットするときに使います。
- **鍋、フライパン** 　加熱したり、湯せんにかけたりするときに使います。
- **バット** 　湯せん焼きするときや、冷やし固めるときに使います。
- **ラップ** 　生地などの乾燥を防いだり、寝かせておくときに使います。
- **布巾** 　ボウルの下に濡らして置いておくと、作業がしやすいです。
- **定規** 　切るときのサイズ確認をするときや、印をつけるときに使います。
- **フォーク** 　ピケするときに使います。
- **温度計** 　赤外線で計測できるものがあると便利です。

## 特定のお菓子で使用する道具

### パレットナイフ

主にデコレーションするときに使います。回転台と一緒に使うことが多いです。

### 重石

タルトやキッシュを焼くとき、底面生地が浮かないようにのせます。

### セルクル

一般的にはお菓子の型抜きなどに使われますが、本書では粉をつけてスタンプのように使い、絞るときのガイドラインを準備するのに使います。

# 〈使用する型 一覧表〉

のものは型紙を敷きます。
型紙の敷き方は、次のページを参考に。

| | 型 | お菓子 |
|---|---|---|
| | パウンド型<br>（16.5cm×7cm×高さ6cm） | フルーツパウンドケーキ<br>抹茶のパウンドケーキ |
| | シフォン型<br>（直径17cm） | 米粉のシフォンケーキ<br>超バナナシフォンケーキ |
| | 丸型<br>（直径15cm×高さ6cm） | 半熟チーズケーキ<br>ガトーショコラ<br>チョコレートケーキ<br>バナナのアップサイドダウン<br>ケーキ |
| | 角型<br>（18cm×18cm×高さ5.6cm） | 生チョコレート<br>フロランタン<br>基本のスポンジケーキ<br>ショートケーキ<br>（スポンジ作りで使用） |
| | タルト型<br>（底直径15cm） | （高さ2.5cm）<br>フルーツタルト<br>（高さ4.5cm）<br>ガーリックシュリンプキッシュ |
| | マフィン型<br>（底直径4.5cm×高さ3cm） | バターで作るマフィン<br>オイルで作るマフィン |
| | ペットカップ<br>（底直径7.5cm×高さ2cm） | はちみつマドレーヌ |
| | オーバル型<br>※一般的な長方形の<br>フィナンシェ型でもOK | メープルフィナンシェ |
| | ロール天板<br>（28cm角） | はちみつロールケーキ<br>別立てフルーツロールケーキ |
| 専用の型は使わない | オレンジトリュフ<br>コーヒーとナッツのクッキー | 紅茶のアイスボックスクッキー<br>ラムレーズンダックワーズ |

# お菓子作りの準備

ここでは、お菓子作りの準備に必要な、
型紙の敷き方と絞り袋の準備方法について紹介します。

## 型紙の敷き方

型紙を美しく、ていねいに型に敷くことは、見映えよく美しいお菓子を作るための第一歩です。角をしっかり作り、折り線もまっすぐしっかりつけましょう。また、型紙の高さは特に指定のない場合は型よりもほんの少しだけ高い程度に。はみだしすぎは NG。

用意するもの　型、型紙（オーブンペーパー）、ハサミ

実線 ——— 折る、筋をつける
点線 ----- 切る

### パウンド型

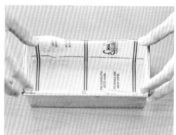

約28.5cm
約20cm

型の底面に型紙を合わせて、折り線をつける。
点線部分に切り込みを入れ、型に敷く。※型からはみ出す紙は切り取る。

### 丸型

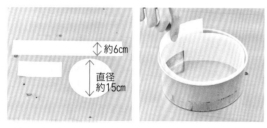

約6cm
直径約15cm

型紙を型の高さに合わせた長方形と型の底面の丸に合わせて切る。
型の側面に沿わせて、長方形に切った型紙を入れ、最後に丸く切った型紙を入れる。

### 角形

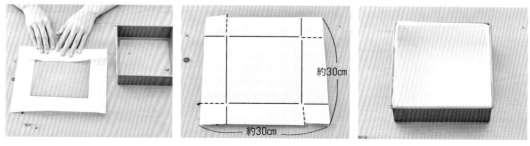

約30cm
約30cm

オーブンペーパーを型の大きさに合わせて切り、型の底面を型紙の中心に置いて折る。
点線部分に切り込みを入れ、型に敷く。

## ロール天板

型の底面にオーブンペーパーを合わせ、四隅の角をつまんでてしっかりと線をつける。
線をつけた角に切り込みを入れる。

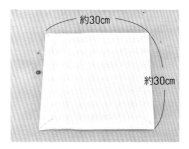  

切り込み部分を重ねて（★）敷き、最後に底面の四辺に筋をしっかりつける。

## 絞り袋の準備方法

絞り袋に口金をセッティングし、そのまま中身を入れると口金から外に出てしまいます。生地やクリームが流れ出るのを防ぐ準備をしておきましょう。

用意するもの　絞り袋、口金（ここでは丸口金を使用）

口金に合わせて袋の先端を切り、口金を絞り袋にセットする。
口金のすぐ上の部分の袋をねじり、ねじった部分を口金の中にぎゅっと押し込む。
中身を入れるときはこの状態にして入れ、絞るときにねじった部分を外す。

# 本書のルール

- 材料の分量表記は全て「ｇ（グラム）」です。全てスケールを使って計りましょう。
- 各レシピに表記した作業時間や焼き時間、レシピに記載している所要時間や焼成時間、冷やす時間などはめやすです。食材の状態や気候、作業環境などによっても変わります。
- 生地を冷やす時間や、休ませる時間は作業時間に含まれていません。
- 電子レンジの加熱時間は 600W を基準にしています。
- オーブンや電子レンジは機種により、性能や加熱具合に差があるため、様子を見て、時間や温度を調節してください。
- 使用する材料や道具については、「材料について（p.10）」「道具について（p.13）」をよく読んで、確認してください。
- 調理器具は適した器具を使用し、商品ごとの使用上の注意を守り、安全に十分留意しましょう。

# 手軽に作れる
# ケーキ

紹介しているのは、「お菓子を作りたい！」と思ったときに、
少ない手間と身近な材料で作れる"お手軽ケーキ"たち。
お菓子作り初心者さんも失敗しにくいだけでなく、
ワンランク上の本格的な味わいに仕上がります。
仕上がりの違うパウンドケーキの作り方2種、
失敗のない作り方を研究し尽くした米粉を使うシフォンケーキ、
クリームチーズ1パック使い切りでシュワッと食感のチーズケーキ、
ぜひお好みのものから作ってみてくださいね。
ほかのお菓子作りでも役に立つ、「メレンゲ」や「カスタード」の
基本の作り方もここで学ぶことができますよ。

ラム酒漬けのフルーツを入れた、ちょっと大人のパウンドケーキ。
しっとりとした質感に焼き上がる一番基本の作り方、シュガーバッター法で作ります。
フルーツを入れなければシンプルなパウンドバターケーキになり、
お好きなドライフルーツやナッツでアレンジも楽しめます。

**基本のレシピ**

⏱ 作業時間 **20**分 ＋ 焼き時間 **50**分

# フルーツパウンドケーキ

**ポイント**

- バターとグラニュー糖にしっかり空気を含ませる
- 卵は少しずつ加えてしっかり乳化させ、なめらかなクリーム状にする
- 粉気がなくなってもさらにツヤが出るまで合わせる
- 乳化しやすいように季節によって材料温度を調整する

**学べること**

- シュガーバッター法のパウンドケーキの作り方

材料（16.5cm×7cm×高さ6cm パウンド型 1本分）

■生地
無塩バター…100 g
グラニュー糖…90 g
全卵…80 g
アーモンドプードル…25 g
薄力粉…90 g
ベーキングパウダー…2 g
ドライフルーツミックス…100 g

■シロップ
水…15 g
グラニュー糖…13 g
ラム酒…5 g

一般的なパウンド型

下準備

- 型に型紙を敷く（→P.16）ⓐ。
- バター、全卵を室温に戻す。

  ※ バターの温度は20℃程度がベスト。季節（気温）によって状態が変化しやすく、乳化しにくいことも。卵は、夏は冷蔵庫で冷やし、冬は湯せんで少し温めると乳化しやすくなります。

- 焼き上がりに塗るシロップを作る。

  シロップの材料をすべて合わせ、電子レンジ（600W）で30秒加熱。混ぜてさます。

ⓐ

**準備ができたら、作ってみよう！**

## 生地を作る

ゴムベラ

混ぜ終わり

バターをゴムベラでなめらかな状態にする。

グラニュー糖を加えて全体になじませる。

ゴムベラ

全体が混ざったと思ってから、わずかに重く感じる瞬間まで混ぜ続け、そのつどしっかり乳化させる。

ボウルの側面についた生地は適宜ゴムベラでまとめながら混ぜる。

アーモンドプードル、ふるった薄力粉、ベーキングパウダーを一度に入れ、ゴムベラで切るように混ぜ合わせる。

## 型に入れて焼く

パウンド型

ナイフ

型紙は少量の生地をのりのように使い、貼り合わせておくと、生地を入れやすい。

型に流し入れて表面をならし、170℃のオーブンで20分焼成する。

一度型を取り出し中央にナイフで切り込みを入れ、さらに170℃のオーブンで約30分焼成する。

オーブン予熱スタート（170℃）

**ハンドミキサー**

③ ハンドミキサー（低速）で、全体が白くふわっとするまで空気を含ませる。

④ 溶きほぐした全卵を5回に分けて加える。

※一度にたくさん加えてしまうと分離しやすくなるので少しずつ加える。

⑦ **粉気がなくなった状態** | **ツヤが出てきた状態**

粉気がなくなってきたら、ヘラで返すようにツヤが出るまで合わせる。

※しっかり合わせることで生地がしっとりします。

⑧ フルーツミックスを入れ、生地全体に均一に混ぜる。

**仕上げ**

⑪ 割れ目にも焼き色がつき、指の腹で押して跳ね返りがあれば焼き上がり。

**はけ**

⑫ 焼き上がったら型から外し、全体にシロップを塗り、さます。

※ナイフでカットした中心部分は軽めに、周囲の茶色部分はしっかり塗る。

**ラップ**

⑬ 粗熱がとれたら、ラップで包んで一晩休ませる。

濃いめの抹茶生地にかの子豆の甘さがマッチした和風パウンドケーキを
フラワーバッター法で作ります。この製法で作る生地は
キメが細かくふわっとした焼き上がりに。
乳化などを気にせず気軽に作れるので初心者の方にもおすすめの作り方です。

アレンジ
レシピ

⏱ 作業時間 **20**分 ＋ 焼き時間 **50**分

# 抹茶のパウンドケーキ

## ポイント

・グラニュー糖は卵にしっかり溶かしておく
・バターに空気を含ませるときのハンドミキサーのスピードは、高速にしない
・最後はボウルの周りや底の粉や生地もしっかり入れる

## 学べること

・フラワーバッター法で作るパウンドケーキの作り方
・乳化を気にせずに初心者でも失敗なく作れる方法

材料（16.5cm×7cm×高さ6cm パウンド型 1本分）

■生地
無塩バター…100 g
グラニュー糖…90 g
全卵…100 g
薄力粉…90 g
抹茶…10 g
ベーキングパウダー…2 g
かの子豆ミックス…100 g

■シロップ
水…15 g
グラニュー糖…13 g
グランマニエ…3 g（あれば）

一般的なパウンド型

下準備

・型に型紙を敷く（→P.16）ⓐ。

・バター、全卵を室温に戻す。

　※ バターの温度は20℃程度がベスト。卵もバターと同じくらいの
　　温度になるように、室温に置いておきます。卵は冷たいとグラ
　　ニュー糖が溶けきらず、残ってしまいます。

・焼き上がりに塗るシロップを作る

　シロップの材料をすべて合わせ、電子レンジ（600W）で30秒加熱。
　混ぜてさます。

ⓐ

準備ができたら、作ってみよう！

**ホイッパー**

**1** 全卵をボウルに入れて、ホイッパーでほぐし、グラニュー糖を加える。

**2** グラニュー糖を卵にしっかり溶かすように混ぜる。

※ここでグラニュー糖を完全に溶かすのがポイントです。

**ゴムベラ**

**3** 別のボウルにバターを入れ、ゴムベラでなめらかな状態にする。

**5** 全体がなじんできたら、ゴムベラをボウルの底に押しつけるようにしてまとめる。

**ハンドミキサー**

**6** ハンドミキサー（中速）でふんわり白っぽくなるまで混ぜ、空気を含ませる。

**7** **2**の卵を3回に分けて加える。ハンドミキサー（低速）でしっかりとなじませる。

※先に粉類が入っているので、ここでは分離が起きません。

## 型に入れて焼く

**パウンド型**

型紙は生地をのりのように使い、貼り合わせておくと、生地を入れやすい。

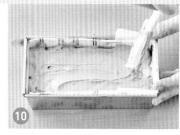

**10** 型に流し入れて表面をならし、170℃のオーブンで20分焼成する。

**ナイフ**

**11** 一度型を取り出し、中央にナイフで切り込みを入れ、さらに170℃のオーブンで約30分焼成する。

オーブン予熱スタート（170℃）

❸に薄力粉と抹茶、ベーキングパウダーを合わせて一度にふるい入れ、切るように混ぜる。

ゴムベラ

混ぜ終わったらゴムベラに持ち替え、ボウルのまわりの粉や生地もしっかり混ぜる。

※ボウルの底に混ざっていない生地がある場合もあるのでチェックする。

混ぜ終わり

かの子豆ミックスを加えて生地全体に均一に混ぜる。

## 仕上げ

割れ目にも焼き色がつき、指の腹で押して跳ね返りがあれば焼き上がり。

はけ

粗熱が取れたら型から外し全体にシロップを塗り、さます。

※ナイフでカットした中心部分は軽めに、周囲の茶色部分はしっかり塗る。

ラップ

粗熱がとれたら、ラップで包んで一晩休ませる。

※フラワーバッター法で作るパウンドは特に一晩休ませた方がおいしくなります。

# パウンドケーキの製法

手軽に作りやすいパウンドケーキですが、バターをベースにした作り方には
「シュガーバッター法」と「フラワーバッター法」があります。
それぞれ、作り方や仕上がりに特徴があるので、違いを学び、
パウンドケーキを作るときに大切なことについても知っておきましょう。
「どうしてこの工程が必要なのか」を知ることで、
ワンランク上のおいしさで美しい仕上がりになります。

| 製法 | シュガーバッター法<br>【フルーツパウンドケーキ (→p.20)】 | フラワーバッター法<br>【抹茶のパウンドケーキ (→p.24)】 |
|---|---|---|
| | **基本のパウンドケーキの作り方**<br>「パウンドケーキ」と言ったらコレ、と想像するどっしりしっとりした仕上がりになる一番基本の作り方。卵の水分とバターの油脂が分離しやすいので、少量ずつ混ぜ合わせてしっかり乳化させる必要があります。 | **分離や乳化を気にしなくてOK**<br>バターに混ざった粉類が、後から加える卵の水分を吸ってくれるので、分離しにくく扱いやすいのが特徴。ですが、「パウンドケーキ」と聞いて一般的に想像するどっしり感があまりなく、軽やかな仕上がりになります。 |
| 仕上がり | ・しっとりした質感 | ・きめ細かい<br>・ふわっと軽い |
| 作り方の流れ | 合わせたバターと砂糖に空気を含ませる<br>↓<br>卵を加えて乳化させる<br>↓<br>粉類を合わせる<br>↓<br>焼成する | 合わせたバターと粉類に空気を含ませる<br>↓<br>砂糖を溶かした卵を加えて混ぜる<br>↓<br>焼成する |

## バターの温度は
## 20℃程度に！

バターは作る前に必ず冷蔵庫から出して常温（20℃程度）に戻し、適度なやわらかさにします。バターを溶かしてしまったり、逆に冷たく、かたい状態だったりすると、うまく空気を含ませることができません。バターに含ませる空気が、生地のふくらみのもとになるので、バターの温度には気をつけましょう。卵も常温に戻しておくのは、加えるときにバターの温度とやわらかさをキープするためです。

## 生地が分離して
## しまったら

冬などで材料が冷たいと分離してしまうことが多く、その場合は生地の入ったボウルを軽く湯せんに当てて温めると解消できます。夏は逆に卵を冷やし、バターを溶かしすぎないようにすると分離が起きにくくなります。それでも生地が繋がらない場合は、むやみに混ぜすぎず、次の工程に進みましょう。その場合でも、大きく失敗するということはあまりありません。

## 焼成中に「切り込み」を
## 入れるワケ

パウンドケーキは、混ぜ合わせた生地に含まれる空気と水分が温められて大きくなることでふくらみます。このとき発生する水蒸気やガスが外に逃げようとするので、焼き上がりでは割れ目ができてしまいます。切り込みを入れないと、いびつな形の割れ目になることも。見た目をきれいにするために、途中で水蒸気やガスの逃げ道を作ってあげる役割が「切り込み」なのです。

## フルーツパウンドケーキの
## 材料で、
## 抹茶のパウンドケーキの
## 作り方をしてもOK？

OKです。フルーツパウンドケーキをフラワーバッター法で作っても、抹茶のパウンドケーキをシュガーバッター法で作ることも問題ありません。それぞれ、仕上がりの違いを食べ比べてみても面白いですね。

手軽な材料でパッと作れるのがシフォンケーキ。
米粉を使うことでしっとりふわふわに焼き上がります。
あまり細かなことは気にせずに作れるので、
私のシフォンケーキは米粉一択です!

基本の
レシピ

⏱ 作業時間 **20**分 + 焼き時間 **30**分

# 米粉のシフォンケーキ

## ポイント

- ・米粉を使うと生地がしっとり仕上がる
- ・米粉はダマが出来ないのでふるわずに入れてOK！
- ・米油はサラダ油（または太白ごま油）でもOK！
- ・ベーキングパウダーは入れなくてもふくらむ。加えると、ふんわり軽く仕上がる

## 学べること

- ・シフォンケーキに適したメレンゲのかたさ
- ・気泡をつぶさず効率よく混ぜ合わせる方法

材料（直径17cmシフォン型1台分）

卵黄 …4個分

グラニュー糖…20g

米油…30g

牛乳…60g

米粉…70g

ベーキングパウダー…2g

卵白…4個分

グラニュー糖…50g（メレンゲ用）

バニラペースト…少量（少量加えることで卵臭さがなくなる）

シフォン型は底と筒につなぎ目の
ないものがおすすめ
20cmのシフォン型で作るときの
分量はp.44

下準備

- ・卵を卵黄と卵白に分け、卵白は冷蔵庫で冷やす。
- ・米粉とベーキングパウダーはよく混ぜ合わせる。

準備ができたら、作ってみよう！ ▶

ホイッパー

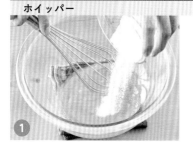

**①** ホイッパーで卵黄をほぐし、グラニュー糖を加えて白っぽくなるまでよく混ぜる。

※「泡立てる」ことを意識しなくても、砂糖の粒が卵黄と混ざる摩擦で白っぽくなっていきます。
※ハンドミキサーを使ってもOK。

**②** バニラペーストを加えて、さらによく混ぜる。

**⑤** 合わせた米粉とベーキングパウダーをふるわずに一度に加え、中心からゆっくりと混ぜる。粉気が無くなったら、さらにしっかりとよく混ぜる。

※中心から少しずつ混ぜていくことで粉が飛び散らず、きれいに混ざっていきます。
※混ぜ終わりはサラサラの状態でOK。メレンゲを立てている間に米粉が水分を吸って、もったりしてきます。

オーブン予熱スタート（180℃）

ホイッパー

**⑧** ハンドミキサーを低速にして、キメを整える。

※ミキサーは動かさず、ボウルをゆっくり30秒程度回します。

**⑨** ⑤の卵黄ベースに⑧のメレンゲの1/3を加え、ホイッパーで混ぜる。

※ぐるぐる混ぜてしまってOK。

**⑩** ⑧の残りのメレンゲをホイッパーでほぐす。

※メレンゲをほぐしておくと塊がほぐれ、ヘラで混ぜる回数を減らせます。

米油を3回くらいに分けて加え、そのつどよく混ぜ合わせる。全体がよく混ざり、もったりすればOK（すじは残らない状態にする）。
※卵と油をしっかり繋げて乳化させます。

牛乳を2回に分けて加え、同様に混ぜる。

## メレンゲを作る

### ハンドミキサー

混ぜ終わり

冷やしておいた卵白を、ハンドミキサー（中速）でほぐし、軽く泡立てる。

もこもこと白い泡が立ったら、グラニュー糖（メレンゲ用）を全量加え、ツノの先端が垂れるくらいのかたさになるまで泡立てていく。
※砂糖は分けて加えなくてOK。一度に加えることで、しっかり砂糖が溶けます。

### ゴムベラ

⑩のほぐしたメレンゲのボウルに⑨の卵黄ベースを戻し入れ、ゴムベラで返すようにして、気泡をつぶさないようにやさしく混ぜる。
※ボウルも回しながら混ぜるとやりやすいです。

全体が均一になったら生地の完成。

シフォン型

⑬ 型に生地を流し入れ、軽くゆすって平らにする。

⑭ 箸や竹串で生地を大きく10回ほど混ぜ、大きな気泡をなくす。

⑮ 筒の部分と側面をしっかり手で押さえながら、低い位置から落としてショックを入れて、気泡を抜く。

※高い位置から落とすと、底から空気が入ってしまうので注意。

⑯ 180℃のオーブンで15分焼成する。160℃に温度を下げて、さらに約15分焼成する。

⑰ 焼き上がったらすぐ落としてショックを入れて、余分な水蒸気を抜き、逆さにしてさます。

※中心の筒が短い型の場合は、ビンなどに筒部分をさして空間ができるようにします。

**型からはずす**

⑱ 完全にさめたら、まずは上面の生地を手で押さえて中に押し込むようにして型から側面をていねいにはがし、裏返して側面の型をそっと外す。底面の生地は中心（筒）に向かって生地を押しながらはがして裏返し、底面の型をゆっくり外す。

# メレンゲの作り方

メレンゲとは、卵白を泡立て空気を含ませたもののこと。
さまざまなお菓子で使われますが、卵白に含ませた空気が
ふくらみのもとになることから、スポンジ系のお菓子に使われることが多いです。
ここでは、メレンゲの作り方を写真を見ながら学んでみましょう！

## 使うもの

### 卵白／砂糖／ボウル／ハンドミキサー

作り方（卵白100g、砂糖50gの場合）

よく冷やした卵白をボウルに入れ、ハンドミキサー（中速）で溶きほぐしながら軽く泡立てる。

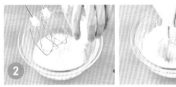

砂糖を加え、泡立てる。
※砂糖の量が多いときは、数回に分けて加えることも。

ピンとツノが立つまで泡立てたら、泡立て終わり。
※作るお菓子によって、必要な泡立て加減は変わります。

ミキサーを低速にし、全体を混ぜてキメを整えたら完成。このとき、ミキサーはあまり動かさず、ボウルをゆっくり回す。

## 泡立て続けるとどうなる？

メレンゲは、泡立てすぎると水分が分離してしまいます。この状態になってしまったメレンゲは、「気泡」としての役割を果たさず、お菓子全体の失敗のもとになってしまいます。砂糖が卵白と同量程度の場合、分離することはありません。

ちょうどいい立て具合（左）、泡立てすぎ（右）

## 砂糖を入れる理由

砂糖には卵白に空気を含ませてできた気泡を強くし、キープする（保形する）力があります。卵白だけで作ったメレンゲの気泡は弱く、生地や粉と合わせたときにつぶれやすくなってしまうため、砂糖を入れる必要があるのです。

## 卵白はなぜ冷やす？

卵白は冷たい方が、キメ細かな気泡になるからです。室温に置いておくと、泡立ちはよいですがキメが粗く、気泡も弱くなります。

作業時間 **15**分 + 焼き時間 **30**分

アレンジ
レシピ

# 超バナナシフォンケーキ

## ポイント

- 米油はサラダ油でもOK
- 水分量が多いのでベーキングパウダーは必須！
- よく熟れたバナナを使うのがおすすめ。冷凍バナナを解凍して使ってもOK
- フードプロセッサーを使うとあっという間に生地が完成
- たっぷりのバナナを水分の替わりにする

材料（直径17cmシフォン型 1台分）

卵黄…4個分
グラニュー糖…15g
米油…25g
バナナ…150g（約2本）※バナナは100～150gまで
米粉…75g
ベーキングパウダー…2g
卵白…4個分
グラニュー糖…50g（メレンゲ用）

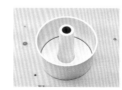

シフォン型は底と筒につなぎ目のないものがおすすめ 20cmのシフォン型で作るときの分量はp.44

下準備

- 卵を卵黄と卵白に分け、卵白は冷蔵庫で冷やす。
- 米粉とベーキングパウダーはよく混ぜ合わせる。

準備ができたら、作ってみよう！

水や牛乳などの水分は加えず、バナナの水分だけで作るので味も香りも超バナナ！
道具をうまく活用して、時短かつ失敗リスクを下げる作り方です。
メレンゲを立てるところからの作り方やポイントは米粉のシフォンケーキ（P.30）と
ほぼ同じなので、そちらも参考にしてみてくださいね。

## ベース作り

### フードプロセッサー

**①** フードプロセッサーに卵黄、バナナ、グラニュー糖と米油を入れ、よく攪拌する。

※ミキサーを使ってもOK！

**②** 攪拌後、合わせた米粉とベーキングパウダーを加え、均一に混ざるまで、さらに攪拌する。オーブン予熱スタート（180℃）。

※フードプロセッサー（またはミキサー）を使うと、素早く確実に生地が乳化状態に。フードプロセッサーがない場合はバナナをフォークでつぶし、卵黄、グラニュー糖、米油、粉（米粉とベーキングパウダー）の順で加えながらホイッパーでよく混ぜ合わせます（この場合、バナナの粒が残る仕上がりになります）。

## メレンゲ作り〜生地合わせ

### ハンドミキサー　　　　　　　　　　　　　　　　　　ゴムベラ

**③** 卵白をハンドミキサーで軽く泡立て、グラニュー糖を全量加え、さらに泡立てる。ツノが垂れるくらいになったら、低速でキメを整える。

**④** ②のベースを新しいボウルに入れ、③のメレンゲの1/3を加えて混ぜる。

**⑤** ③の残りのメレンゲを軽くほぐし、④のベースを戻し入れる。底から返すように混ぜる。

## 焼成する　　　　　　　　　　　　　　　　　　　　　型から外す

### シフォン型

**⑥** 型に生地を流し入れ、軽くゆすって平らにする。竹串などで生地を混ぜ、大きな気泡をなくす。

**⑦** 型を落としてショックを入れ、さらに気泡を抜き、180℃のオーブンで15分焼成。160℃に温度を下げて、さらに約15分焼成する。

**⑧** 焼き上がったらすぐに落としてショックを入れ、逆さにしてさます。半日程度しっかりさまし、型から外す。

※さましてすぐに型から外すと腰折れの原因に！

シュワッとしたスフレ食感でありながら、
チーズの濃厚さも味わえるチーズケーキ。
カスタードをベースにして、短時間で焼き上げ、半熟に仕上げます。
クリームチーズ1パック（200ｇ）使い切りの家庭で作りやすいレシピです。

## 基本のレシピ

⏱ 作業時間 **25**分 + 焼き時間 **30**分

# 半熟チーズケーキ

### ポイント

- カスタードはゆるくなるまでしっかり炊く
- メレンゲはかたく泡立てすぎない
- メレンゲと合わせるときは気泡をつぶさないようにする

### 学べること

- スフレチーズケーキを作るときのメレンゲの見極め
- 半熟で焼き上げる状態の見極め

材料（直径15cm×高さ6cm丸型 1台分）

クリームチーズ…200 g
牛乳…120 g
卵黄…2個分
グラニュー糖…20 g（カスタード用）
コーンスターチ…10 g

無塩バター…30 g
レモン果汁…8 g
卵白…50 g
グラニュー糖…40 g
（メレンゲ用）

底が取れないタイプがおすすめ

下準備

- 型に型紙を敷く（→P.16）ⓐ。
  ※底取れタイプを使う場合は、型の外側にアルミホイルを巻きます。

- クリームチーズを室温に戻すⓑ。
  ※ホイッパーが抵抗なく入るくらいのかたさがめやす。

- 卵白は冷蔵庫で冷やす。

- 湯せん焼き用に80℃程度のお湯を用意する。

準備ができたら、作ってみよう！

## チーズ生地作り(1)

ホイッパー

**1** クリームチーズをホイッパーでなめらかな状態にする。

## カスタード作り

鍋

**2** 小鍋に牛乳とグラニュー糖（カスタード用）の半量を加えて火にかけ、沸騰させて火を止める。

※砂糖を入れて加熱すると、牛乳の膜ができにくくなります。

ホイッパー

**3** 新しいボウルに卵黄をほぐし、残りのグラニュー糖（カスタード用）を加えてよく混ぜる。

**7** 中火にかけ、カスタードを炊く。

※弱火だとしっかり火が入らないので、ある程度強い火で一気に炊き上げます。

**8** しばらくすると底に塊ができ始める。鍋底を焦がさないようにしっかり混ぜ続ける。沸騰すると全体が締まり、すじが残るようになる。

## チーズ生地作り(2)

**11** **1**のチーズに**10**のカスタードを一度に加え、よく混ぜ合わせる。

**12** レモン果汁も加えて混ぜる。

**13** 混ぜ終わったら、ふんわりラップをかけて置いておく。

※ほどよく蒸気を逃がしたいので、ラップはふんわりと。

④
❸にコーンスターチも加えて、なめらかになるまで混ぜ合わせる。

⑤
❷の沸騰した牛乳を❹に少しずつ加えながら混ぜる。

⑥
全体が混ざったら、❷の鍋に戻し入れる。

9
ゆるんで流動性のある状態になったら火を止める。

10
バターを加え、溶かしながらしっかり混ぜる。

炊き上がり

## メレンゲを作る

ハンドミキサー

オーブン予熱スタート（170℃）

14

別のボウルに冷やしておいた卵白を入れ、軽く泡立ててグラニュー糖（メレンゲ用）を一度に加える。ツノが垂れるくらいのかたさになるまで泡立てる。最後に、低速で全体のキメを整える。

※かたくなりすぎると、焼き上がりで表面が割れたり、中央の沈みが大きくなったりしてしまいます。

41

## チーズ生地とメレンゲを合わせる

### ホイッパー

一度、⑬のチーズ生地を混ぜ直し、⑭のメレンゲの1/3を加えてホイッパーで生地を返すように合わせる。

均一に混ざったら、⑭の残りのメレンゲをすべて加える。

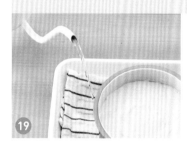

バットに布巾を敷いて型を置き、1cm程度のお湯を注ぐ（80℃程度）。170℃のオーブンで約30分湯せん焼きにする。

※湯せんのお湯はあまり入れすぎると、底面に火が入りにくくなるので注意。

型をゆすり、表面がふるふる揺れるくらいが焼き上がりのめやす。

底面の型紙をはがし、盛りつけ用の皿をかぶせて、再びひっくり返す。

側面の型紙をはがす。

※チーズの配合量が多いので、表面と側面の間にはひびが入ります。

## 焼成する

ゴムベラ

⑰

混ぜ終わり

メレンゲの気泡をつぶさないように、ゴムベラで力を入れず、優しく返すように合わせ、均一になったら生地の完成。

※ボウルも回しながら混ぜるとやりやすいです。

丸型

⑱

型に生地を流し入れ、表面をならす。

## 型から外す

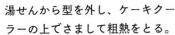

㉑

湯せんから型を外し、ケーキクーラーの上でさまして粗熱をとる。

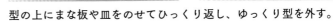

㉒

型の上にまな板や皿をのせてひっくり返し、ゆっくり型を外す。

# 〈早見表〉シフォンケーキの材料と焼成

紹介した2種類のシフォンケーキを作ろうと思ったら、「家に直径20cmの型しかない！」ということもあるかもしれません。ここでは、直径20cmの型を使って作るときと、直径17cmの型を使ってシフォンケーキを作るときの材料の分量と焼成温度と焼成時間のめやすを一覧にまとめました。材料が増えると、混ぜ時間も少しずつ増えますが、手順や見極めのポイントは同じ。おうちにある道具で、ぜひ作ってみてくださいね。

## 米粉のシフォンケーキ（P.30）

| | 直径17cm | 直径20cm |
|---|---|---|
| 卵黄 | 4個分 | 7個分 |
| グラニュー糖 | 20 g | 35 g |
| 米油 | 30 g | 52 g |
| 牛乳 | 60 g | 105 g |
| 米粉 | 70 g | 122 g |
| ベーキングパウダー | 2 g | 3.5 g |
| 卵白 | 4個分 | 7個 |
| グラニュー糖（メレンゲ用） | 50 g | 87 g |
| バニラペースト | 少量（少量加えることで卵臭さがなくなる） | |
| 焼成温度 | 180℃ ➡ 160℃ | 180℃ ➡ 160℃ |
| 焼成時間 | 15分 ➡ 約15分 | 15分 ➡ 約20分 |

## バナナのシフォンケーキ（P.36）

| | 直径17cm | 直径20cm |
|---|---|---|
| 卵黄 | 4個分 | 7個分 |
| グラニュー糖 | 15 g | 26 g |
| 米油 | 25 g | 44 g |
| バナナ | 150 g（約2本） | 260 g（約3.5本） |
| 米粉 | 75 g | 130 g |
| ベーキングパウダー | 2 g | 3.5 g |
| 卵白 | 4個分 | 7個分 |
| グラニュー糖（メレンゲ用） | 50 g | 87 g |
| 焼成温度 | 180℃ ➡ 160℃ | 180℃ ➡ 160℃ |
| 焼成時間 | 15分 ➡ 約15分 | 15分 ➡ 約20分 |

第 $2$ 章

# チョコレートの
# お菓子

第2章で紹介するのは、おうちチョコスイーツの定番3種。
軽さと濃厚さのバランス感抜群のガトーショコラ、
誰でもなめらかな本格派に作れる生チョコレート、
生チョコレートをより手軽な材料で作れるようにしたトリュフ、
どれも簡単なのに、お店みたいな仕上がりに！
おいしいチョコスイーツを作るコツも満載です。

「もう少し食べたい……！」
そう思わせてしまう秘密は、濃厚なチョコレート感と
ほどよい軽さを両立したレシピにあります。
お好みで生クリームを添えて、格別な味わいを楽しんで。

基本の
レシピ

⏱ 作業時間 **25**分 + 焼き時間 **30**分

# ガトーショコラ

## ポイント

・グラニュー糖は卵にしっかり溶かす
・メレンゲはかたく泡立てすぎない
・最後はメレンゲの気泡をつぶさないようにやさしく混ぜ合わせる

## 学べること

・メレンゲの状態の見極め
・水分量を調整したへこみ、縮みの少ない生地の作り方

### 材料（直径15cm×高さ6cm丸型 1台分）

スイートチョコレート
（55％程度）…60g

無塩バター…30g

生クリーム（40％程度）…30g

卵黄…2個分

グラニュー糖…20g

薄力粉…10g

ココアパウダー…25g

卵白…2個分

グラニュー糖…40g
（メレンゲ用）

溶けない粉糖…適量

丸型は、底が取れないタイプがお
すすめ

### 下準備

・型に型紙を敷く（→P.16）ⓐ。
・湯せん用に60℃程度のお湯を用意するⓑ。
・薄力粉とココアパウダーを合わせる。
・卵白を冷蔵庫で冷やす。

準備ができたら、作ってみよう！

## チョコレート生地を作る

**ホイッパー**

**①** ボウルに卵黄をほぐし、グラニュー糖を加えてよくなじませる。

※砂糖を溶かすように混ぜると少し空気を含んで白っぽくなり、もったりしてきます。

**②** 別のボウルでチョコレート、バター、生クリームを60℃程度の湯せんに当てる。

※熱々のお湯で湯せんをするとチョコレートがザラついてしまいます。

## メレンゲを作る

**ハンドミキサー**

オーブン予熱スタート（160℃）

**⑤** 別のボウルで卵白だけを軽く泡立て、一度にグラニュー糖（メレンゲ用）を加える。

**⑥** ツノが垂れるくらいのかたさになるまでさらに泡立てる。仕上げに、ハンドミキサーを低速にして気泡のキメを整えてメレンゲは完成。

※キメを整えるとき、ミキサーは動かさずボウルを回します。

**ゴムベラ**

粉気がなくなった状態

**⑧** **⑦**に合わせた薄力粉とココアを一度にふるい入れる。

**⑨** ゴムベラで底から生地を返すように混ぜ合わせる。粉気がなくなっても、生地にツヤが出るまでしっかり混ぜ合わせる。

※混ぜていくと生地の色が少し濃くなり、ゆるくなっていきます。

混ぜ終わり

③
溶かしながら、ホイッパーでよく
混ぜ合わせる。

④
湯せんから下ろし、❶を一度に加え、よく混ぜる。

※混ぜはじめは分離したような状態になりますが、混ぜ続けるとしっかり繋がります（乳化）。

## チョコレート生地とメレンゲを合わせる

ホイッパー

混ぜ終わり

❼
❹のチョコレート生地に❻のメレンゲの1/3量を加え、ホイッパーでやさしく底からすくい上げるように混ぜる。

ツヤが出た状態

⑩
ツヤが出たら、混ぜ終わり。

⑪
❻の残りのメレンゲが入ったボウルに⑩を全て加える。 ゴムベラで気泡をつぶさないようにやさしく底から返すように混ぜ合わせる。

第
2
章

チョコレート ｜ ガトーショコラ ｜ 作り方

49

丸型

**12** 生地の完成。

**13** 型に生地を流し入れ、表面をならす。

**14** 低い位置から数回型を落とし、ショックを入れ、気泡を抜く。

※底取れのタイプの型を使う場合、高い位置からショックを入れると隙間から生地が出てくるので注意。

**17** 型を外さず、そのままケーキクーラーに置いてさます。

**18** 十分にさめたら、型にくっついている型紙をはがし、上からまな板や皿をのせてひっくり返す。

**20**

盛り付け用の皿をかぶせ、まな板や皿ごと再びひっくり返して側面の型紙をはがす。お好みで溶けない粉糖をふって完成。

**15** 160℃のオーブンで約30分焼成する。

※中央は半生のような状態の焼き上がりでOK。

**16** 焼き上がったら、すぐに低い位置から落として1〜2回ショックを入れる。

※ショックを入れることで焼き縮みを防ぎます。

**19** ひっくり返したまな板や皿の上で型をそっと外し、底面の型紙をはがす。

●常温では軽やかな食感、冷やすと濃厚な味わいが楽しめます。

●切り分けるときは、ナイフを温めるときれいにカットできます。

濃厚でなめらかな口どけが人気の生チョコレート。
少ない工程でお店のような本格的な仕上がりに。

基本の
レシピ

⏱ **作業時間 40分**

# 生チョコレート

## ポイント

・生クリームを加えたらすぐに混ぜず、まずはチョコレートを溶かす
・混ぜる時は空気を入れないようにゆっくり混ぜる
・カットするときはナイフを温めすぎない
・水あめは砂糖の結晶化を防ぎ、バターはなめらかにする効果がある

## 学べること

・ガナッシュ（生チョコ）の基本
・なめらかなガナッシュの作り方

### 材料（3cm角 約36個分）

スイートチョコレート（55％程度）…200 g
ミルクチョコレート（33％程度）…100 g
水あめ…35 g
生クリーム（35％程度）…200 g
お好みの洋酒…10 g
※本書ではラム酒を使用
無塩バター…30 g
ココアパウダー…適量

角型（18cm×18cm×高さ5.6cm）

### 下準備

・型に型紙を敷く（→P.16）🅐。
・ブロックタイプのチョコレートは細かく刻む。
・バターを室温に戻す。

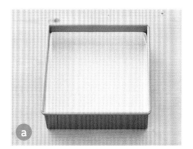

準備ができたら、作ってみよう！

## チョコレートを混ぜる

ゴムベラ

① 小鍋に水あめと生クリームを入れて火にかけ、水あめを溶かしながら沸騰させる。

※計量のしにくい水あめは、直接小鍋に入れて先に計量すると調整しやすいです。

② チョコレートを入れたボウルに①を全て加える。そのまま1分ほど置き、余熱でチョコレートを溶かす。

④ ラム酒を加えて混ぜ合わせる。

⑤ 室温に戻したやわらかい状態のバターを加えて混ぜ合わせる。

## 冷やし固める

角型

⑧ ⑦の型に流し入れ、全体を軽くゆする。

⑨ 表面に気泡があれば、ゴムベラなどで消して表面をならす。

⑩ 冷蔵庫で一晩冷やし固める。

ホイッパー

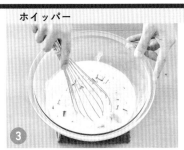

**ホイッパーで中心から全体がなめらかな状態になるまでゆっくり混ぜ合わせる。**

※勢いよく混ぜると空気が入ってしまうので注意します。
※生クリームとチョコレートがしっかり繋がり、乳化された状態になります。

## ブレンダーにかける※

ブレンダー

**ブレンダー（あれば）にかける。**

※ブレンダーが無い場合は、そのまま型に流し入れてもOK。

**気泡が出てこなくなるまで、ブレンダーは動かさずにかけ続ける。**

※ブレンダーにかけると余計な気泡が抜けてなめらかになり、さらに口どけがよくなります。前の工程で生クリームを加えて分離してしまったときは、ブレンダーをかけると繋げることができます（乳化する）。

## 仕上げ

**型からまな板などの上に出して、側面の紙を外す。**

**表面にココアパウダーをふる。**

※パレットなどを茶こしにあててふると粉が均等にかけられる。

**もう一枚まな板を用意し、ココアパウダーをふった面にのせて裏返す。**

⑭ 裏返したら型紙をはがす。

⑮ カットするサイズに合わせて印をつける。

⑯ 印に合わせて、上から軽く温めたナイフでカットする。

※ナイフは温めすぎるとチョコレートが溶けてしまうので触って温かいくらいの温度に。ナイフは1カットごとに温めて汚れを取ります。お湯で温める場合は水気を拭き取ってから。

⑰ まな板ごと90度向きを変えて同じように印をつけてカットする。

⑱ 切り終わり。

⑲ 最後に茶こしでココアパウダーをふって完成。

●本書では、3cm×3cmのサイズにカットしていますがお好みの大きさでOK
●上下だけにココアを振ると、箱にきれいに入りやすいです。ひとつずつココアをまぶしてもOK。
●密閉容器に入れた状態であれば、冷凍庫で2週間程度保存可能。

# チョコレートについて

チョコレートのお菓子を作るときによく「テンパリング」という言葉を聞くと思います。テンパリングは食感や見た目をよりよく安定させるための工程ですが、その技術と見極めはプロでも難しいもの。そのため、本書ではテンパリングを気にしなくても、失敗しにくいレシピを紹介しています。本書で出てくるチョコレートのお菓子で知っておくとワンランクアップするポイントを理論とともに学んでみましょう。

## 湯せんの温度

チョコレートを湯せんにかけるときに熱々のお湯を使うのはNG。チョコレートの成分が分離し、ザラついた食感になってしまいます。50〜60℃程度のお湯で湯せんをするだけで、なめらかな食感に仕上げることができるのでレシピに指定されている温度を守りましょう。全体をゆっくりと温めて溶かすことで、チョコレートが分離してしまうのを防ぎます。一度分離してしまった成分を元に戻すことはできないので、気をつけましょう。

## ガナッシュとは？

チョコレートと生クリームを乳化させて作る、食感のなめらかなやわらかいチョコレートのお菓子です。本書の「生チョコレート（→P.52）」と「オレンジトリュフ（→P.58）」もガナッシュがベースになっています。高脂肪の生クリームを使用すると分離しやすいので、35%程度の生クリームを使用して作るようにしましょう。

## チョコレートの種類

本書のレシピでは、スイートチョコレート（カカオ分55%程度）、ミルクチョコレート（カカオ分33%程度）、コーティング用チョコレートの3種類を使用しています。この他にもさまざまな種類のチョコレートがありますが、本書で使っている3種類とホワイトチョコレートの特徴は下記の通りです。

**スイートチョコレート**
・乳成分を含まない

**ミルクチョコレート**
・乳成分を加えている

**ホワイトチョコレート**
・カカオマスを含まない
・乳成分を加えている

**コーティング用チョコレート**
・テンパリング不要で、溶かすだけで美しく仕上げることに特化している

## チョコレート作りの環境

チョコレートのお菓子を作るときは、作るときの環境にも気を配ると、よりおいしくスムーズにチョコレートを作ることができます。真夏の暑くて湿度が高い環境で作ると、チョコレートが溶けやすいものの固まりにくく、トリュフなど丸める工程があるレシピを作るのは大変です。チョコレートのお菓子を作るときの室温は「20℃前後」の室温をキープしましょう。完成品は冷蔵庫で、温度変化のないように保存しましょう（溶けたり固まったりを繰り返すと食感も見た目も悪くなっていきます）。

⏱ 作業時間 **30**分

アレンジ
レシピ

# オレンジトリュフ

## 材料（約24個分）

■ガナッシュ
　スイートチョコレート（55％程度）…150g
　生クリーム（35％程度）…90g
　グランマニエ…10g
　オレンジピール…25g
　※レモンピールや柚子ピールを使用してもOK

■デコレーション
　コーティング用チョコ…60g
　ココアパウダー…約30g
　溶けない粉糖…約30g

## 下準備

・バットにラップを敷く 。
・オレンジピールを刻む 。

バットは18×14cmのものを使用
丸めてしまうので、家にあるサイズでOK

準備ができたら、作ってみよう！

58

生チョコレートを丸めてトリュフにすることもできます。
オレンジピールを加えたガナッシュ生地は、爽やかな香りが楽しめます。
ここでは水あめやバターは加えず、よりかんたんなレシピにしました。

## チョコレートを混ぜる

**1** 小鍋に生クリームを入れて火にかけ、沸騰させる。

**2** チョコレートを入れたボウルに❶を全て加える。そのまま1分程度置き、ゆっくりチョコレートを溶かす。

ホイッパー

**3** 全体がなめらかな状態になるまで、ホイッパーで中心からゆっくり混ぜ合わせる。

※勢いよく混ぜると空気が入ってしまうので注意します。

**4** 混ぜ終わり。

※生クリームとチョコレートがしっかり繋がり、乳化された状態になります。

**5** グランマニエを加えて混ぜる。

**6** オレンジピールを加えて混ぜる。

## 冷やし固める

**7** 全てが均一になったら混ぜ終わり、ガナッシュの完成。

ゴムベラ

**8** ラップを敷いたバットに❼を流し、ゴムベラなどで平らにならして、冷蔵庫で3時間以上冷やし固める。

⑨ ラップごとバットからを外して、オーブンペーパーを敷いたまな板の上にのせ、ラップをはがす。

⑩ 軽く温めたナイフで、24等分にカットする。

※ナイフを温めすぎるとチョコレートが溶けてしまうので注意します。

⑪ 切り終わり。

⑫ ⑪をひとつずつ手のひらで丸め、ラップを敷いたバットに並べて、冷蔵庫で30分程度冷やし固める。

⑬ コーティング用チョコを湯せんなどで溶かす。

※耐熱容器に入れ、レンジで溶かしてもOK（600Wで10秒ずつ加熱して様子を見ます。焦げないよう注意して）。

⑭ 手のひらに⑬のコーティング用チョコをつけ、⑫の丸めたガナッシュをひとつずつ転がし、周りをコーティングする。

※コーティングする前に、別のバットにココアや粉糖をそれぞれ入れて、近くに置いておく。

⑮ ⑭をココアや粉糖を入れたバットに転がし、コーティング用チョコレートが固まる前に周りにまぶす。

# 第3章

クッキーとタルト

第3章のお菓子は、どれも生地の作り方がとてもよく似ています。
クッキー以外のレシピの生地は手で作る場合（手仕込み）と
フードプロセッサーで作る場合（フードプロセッサー仕込み）の
両方の工程を紹介しました。
全ての生地で共通に大切なのは、バターを溶かさないように作業すること。
こまめに冷やすので、少し時間はかかりますが、
おいしさはいつもよりワンランクアップすることをお約束します。

私は普段、大きな具材を入れるものは手仕込み、そうでないものは
フードプロセッサー仕込みと、作りたいクッキーや出したい食感によって
仕込み方を選んでいます。ちょっぴり大人風味のこのクッキーは、
「ナッツ」という具材を入れるので手仕込みで作ってみましょう。

基本の
レシピ

⏱ 作業時間 **40**分 + 焼き時間 **20**分

# コーヒーとナッツのクッキー

## ポイント

- 作り始める前のバターの温度は20℃程度
- 生地作りから成形するまで、空気を抜くことを意識する

## 学べること

- 手仕込みの生地作りのコツ
- 手仕込みのフレゼ（生地の状態を均一にすること）
- 美しい焼き上がりにする方法とコツ

### 材料（直径4cm 約25枚分）

| | |
|---|---|
| 無塩バター…70 g | 無塩ミックスナッツ…40 g |
| 粉糖…50 g | アーモンドプードル…25 g |
| 塩…ひとつまみ | 薄力粉…110 g |
| 牛乳…5 g | グラニュー糖…適量 |
| インスタントコーヒー…3 g | |

※粉糖はグラニュー糖にかえても
OK。粉糖ならサクッと、グラニュー糖ならザクッとした食感に仕上がります。

※ナッツは素焼きタイプを使うのがおすすめ。生の場合は170℃予熱なしのオーブンで10分程度焼いてから使います。

※プレーンクッキーにしたい場合はコーヒーを加えず、牛乳を温めずにそのまま加えます。

### 下準備

- バターを室温に戻す 。

  ※20℃程度になっている状態がベスト。気温が25℃を超える季節は冷蔵庫に入れて、冷たい状態にしておくと◎。

- ナッツは5mmほどの大きさに刻む 。

- インスタントコーヒーを牛乳に混ぜて溶かす 。

  耐熱容器に入れてラップをし、電子レンジ（600W）ので10〜15秒加熱する。
  よく混ぜて20℃以下になるまでさます。

準備ができたら、作ってみよう！

生地を作る

ゴムベラ

バターをゴムベラでなめらかなクリーム状にし、粉糖、塩をふるい入れて混ぜる。

インスタントコーヒーを溶かした牛乳を加え、なじむまでしっかり混ぜ合わせる。

※バターが溶けないよう、牛乳は20℃以下までしっかりさましてから加えます。

粉気がなくなり、そぼろ状になるまで切り混ぜ続ける。

※練り混ぜると食感がかたくなってしまいます。

ゴムベラで生地をボウルの底に押しつけるようにして、なめらかな状態にする。

※この工程を「フレゼ」といい、生地の状態を均一にする役割があります。「フレゼ」をすることで食感が均一になり、焼き上がりも美しくなります。

 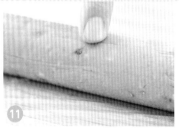

ラップに包んだ生地を冷凍庫で30分程度冷やして固める。30分経ったら、オーブンを170℃に予熱する。

冷凍庫から生地を出し、ラップをはがしてそのまま2、3分置く。バットにグラニュー糖を広げ、生地を転がして周りにグラニュー糖をつける。

※温度差で生地の表面が結露し、その水分でグラニュー糖がつきやすくなります。

刻んだナッツを加えてさらに混ぜる。

※粉より先にナッツを加えることで、生地とナッツがしっかり接着します。粉の後にナッツを加えるとまとまった生地になじまず、中心が空洞化しやすくなります。

❸に薄力粉とアーモンドプードルを一度で全てふるい入れ、ゴムベラで切るように混ぜ合わせる。

## 成形する

ラップに包み、平らにして冷蔵庫で1時間以上休ませる。

冷えた生地を一度台の上で細かく砕き、棒状にまとめる。転がしながら30cm長さに成形する。

ラップを広げ、生地を転がしながら包む。

※台に叩きつけて空気を抜きながら成形すると空洞化防止に。転がすスピードが早いと遠心力で空洞ができやすくなるのでゆっくりと。
※成形に時間をかけると、生地がやわらかくなってしまいます。やわらかくなってしまったら無理に成形せず、ラップに包んで冷凍庫で10分ほど冷やしましょう。

## 焼成する

ナイフ

 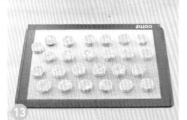 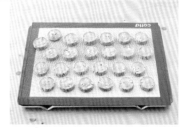

1.2cm幅にカットし、シルパンやオーブンシートを敷いた天板に並べる。

※焼き上がったとき、クッキーのエッジ（角）をしっかり美しく出すには、シートごと一度冷蔵庫に入れて5分程度冷やしてからオーブンに入れます。

170℃のオーブンで20〜25分程度焼く。焼き上がったら、天板から外してケーキクーラーの上でさます。

※オーブンによって焼き色がつきやすい場所とそうでない場所がある場合は、途中で焼き色を見ながら天板ごと向きを変えます。

大きな具材を入れないクッキーを作るときは、フードプロセッサーに仕込みを
おすすめ。手仕込みよりも軽い食感に仕上がるのも魅力です。
生地をまとめて手で触らずにすむので、ベタつきにくい
冷蔵庫で生地を休ませる必要がなくすぐに成形できて、時間も手間が
難しいところ。フードプロセッサーがあると、クッキー作りが
格段にラクになるので、ぜひお試しを。

基本の
レシピ

⏱ 作業時間 **30**分 + 焼き時間 **20**分

# 紅茶のアイスボックスクッキー

## ポイント

・作り始める前のバターはしっかり冷やす

## 学べること

・フードプロセッサー仕込みの生地作りのコツ
・フードプロセッサー仕込みのフレゼ（生地の状態を均一にすること）
・美しい焼き上がりにする方法とコツ

材料（直径4cm 約25枚分）

無塩バター…70g　　　アーモンドプードル…25g
粉糖…45g　　　　　　薄力粉…110g
塩…ひとつまみ　　　　グラニュー糖…適量
牛乳…5g
紅茶（細かなもの）…3g
熱湯…6g

※フードプロセッサーを使うときは、粉類はふるわなくてOK。
※粉糖はグラニュー糖にかえてもOK。粉糖ならサクッと、グラニュー糖ならザクッとした食感に仕上がります。

下準備

・バターはダイス状に切り、冷蔵庫で冷やす ⓐ。
・牛乳は計量後、冷蔵庫で冷やす。
・紅茶に熱湯を注いてラップをし、3分蒸らして葉を開かせる ⓑ。

※バターが溶けていると、フードプロセッサーを回しているときに生地がまとまってきてしまうので、冷たいバターを使うのが大事です。
※紅茶の約2倍量の熱湯で蒸らすと、余分な水分が出ず、十分に葉が開きます。

準備ができたら、作ってみよう！

## フードプロセッサーで生地を混ぜる

**フードプロセッサー**

フードプロセッサーに薄力粉、アーモンドプードル、粉糖、塩を入れて5秒程度回し、粉類を混ぜ合わせる。

冷えたバターを加え、全体がしっとりとした粉チーズのような状態になるまで回す。

※必ず冷たいバターを使います。

## 生地をまとめる

**カード**

❺を取り出し、混ぜムラをなくすように台に生地を押しつけながらまとめる（フレゼ）。

※手の熱で生地を溶かさないようにカードなどを使いましょう。やわらかくなってしまったら一度冷蔵庫で冷やします。

冷凍庫で30分程度冷やし固める。30分経ったら、オーブンを170℃に予熱する。

冷凍庫から生地を出し、ラップをはがしてそのまま2、3分置く。バットにグラニュー糖を広げ、生地を転がして周りにグラニュー糖をつける。

※温度差で生地の表面が結露し、その水分でグラニュー糖がつきやすくなります。

**混ぜ終わり。**

※「サブラージュ」という工程で、粉の中に細かな粒状のバターが分散している状態です。

**紅茶がさめていることを確認し、牛乳と共に③に加える。**

**全体がそぼろ状になるまで、フードプロセッサーを回す。**

※フードプロセッサーでまとめすぎてしまうとバターが溶けてベトベトになってしまうので、混ざりきる手前のそぼろ状でストップするのがポイント。ベトベトになってしまったら、一度生地を冷蔵庫に入れて冷やし、手仕込みに切り替えましょう。

## 成形する

**まとめた生地を30cmの棒状に成形してラップに包む。**

※転がすスピードが早いと遠心力で空洞ができやすくなるのでゆっくりと。
※成形した生地の奥にラップを広げ、そのまま転がしてラップにのせてラップごと転がすと包みやすい。

## 焼成する

ナイフ

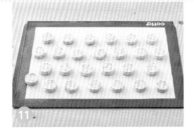

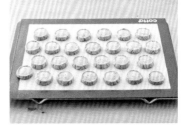

**1.2cm幅にカットし、シルパンやオーブンシートを敷いた天板に並べる。**

※クッキーのエッジ（角）をしっかり美しく出すには、シートごと一度冷凍庫に入れて5分程度冷やしてからオーブンに入れます。

**170℃のオーブンで20〜25分焼く。焼き上がったら、天板から外してケーキクーラーの上でさます。**

※オーブンによって焼き色がつきやすい場所とそうでない場所がある場合は、途中で焼き色を見ながら天板ごと向きを変えます。

# クッキーの仕込みと仕上がり

本書では、一般的な作り方である「手仕込み」と、時短で作れる
「フードプロセッサー仕込み」の2種類の作り方を紹介しています。
それぞれの生地の仕込み方で焼き上がりのクッキーに違いが出るので、
ここではその違いを写真で見てみましょう。
お好みの作り方と仕上がりを探してくださいね。

---

## 手仕込み

手仕込みでクッキー生地を作る方法は「クレメ法」といい、バターをやわらかくして材料を加えて
いく作り方。具材を入れても一体感が出るので、ナッツやチョコレートを加えるときにおすすめ。

**バターの温度** 20℃前後から作りはじめるのがベスト。
**仕上がり** 少し目の詰まったしっかりした食感。きれいな形に焼き上がる。

| | シルパット使用 | シルパン使用 |
|---|---|---|
| **カット後冷やしてから焼いたもの**（オーブン予熱終了まで冷凍庫へ） |  <br>底面が広がり、やや台形な焼き上がり。上部の直径はシルパンと変わらない。 |  <br>上下ともきれいなエッジが出て垂直に焼き上がる。きれいな焼き上がり。 |
| **カット後室温に置いて焼いたもの**（カット後にオーブン予熱開始） |  <br>全体的に広がり台形に。ややダレたような焼き上がり。上部も若干くぼむ。 |  <br>底面がやや広がり少し丸みを帯びた台形に。 |
| **カット後すぐに焼いたもの**（オーブン予熱終了後にカット） | |  <br>生地が冷えた状態から焼いているので、冷凍庫で冷やした生地同様、きれいに焼き上がる。 |

ちなみに… | 生地を練ってしまうとどのように焼いても | →食感はかたい →焼き縮んでしまう

## 「シルパン」と「シルパット」の違い

どちらも、同じ素材でできているオーブン用のシートです。繰り返し使うことができるので、お菓子をよく作る場合は、1枚ずつ持っておくといいでしょう。「シルパン」と「シルパット」、見た目には同じように見えますが、実は大きな違いが1つあります。それは、穴が開いているかいないかです。「シルパン」は網目上の隙間にしっかり穴が開いていて、余分な水分や油分、熱が抜けていきます。どちらでもクッキーを焼くことはできますが、やわらかい生地を使うときやしっとり仕上げたいお菓子のときは「シルパット」、かための生地を使うときやサクッと軽い食感に仕上げたいときは「シルパン」を使うのがおすすめです。

## フードプロセッサー仕込み

フードプロセッサー仕込みでクッキー生地を作る方法は「サブラージュ法」といい、冷たいバターを溶かさずに材料と混ぜ、サラサラにする作り方。粉類だけで作るときにおすすめ。また、水分（卵や牛乳）が多い生地は練られてかたくなってしまいやすいのでやわらかい生地作りには向きません。

**バターの温度** 直前まで、冷やしておく。
**仕上がり** キメは粗く、サクッと軽い食感。やや広がって焼き上がる。

| | シルパット使用 | シルパン使用 |
|---|---|---|
| **カット後 冷やしてから 焼いたもの**<br>（オーブン予熱終了まで冷凍庫へ） | 全体的に丸みを帯びた台形に。上部がややくぼむ。 | 多少側面に丸みが出るが、エッジがでてきれいな焼き上がり。 |
| **カット後 室温に置いて 焼いたもの**<br>（カット後にオーブン予熱開始） | 全体的にだれて広がり、高さが低い台形に。上部もかなりくぼむ。 | きれいに焼き上がるが、やや丸みを帯びた焼き上がり。上部はくぼむ。 |
| **カット後すぐに 焼いたもの**<br>（オーブン予熱終了後にカット） | | 冷凍庫で冷やした生地同様、きれいに焼き上がる。 |

## まとめ

エッジをしっかり出し、台形状に広がらないよう見た目も美しく焼き上げるなら
カットした生地を冷やしてから焼くか、冷えた生地をカット後、すぐにシルパンで焼くのがおすすめ

サックサクのクッキー生地にアーモンドのヌガーをたっぷりのせて焼く、
ちょっと贅沢なクッキーはプレゼントにも喜ばれます。
土台のクッキーは手仕込み、フードプロセッサー仕込み、両方の作り方を紹介。
生クリームがなくても作れる、おいしいフロランタンです。

アレンジ
レシピ

⏱ 作業時間 **45**分 + 焼き時間 **1**時間

# フロランタン

## ポイント

- クッキー生地の焼成は焼き色をつけすぎない
- ヌガーはとろみがつく程度で煮詰めを止める
- カットは温かいうちに

## 学べること

- クッキー生地の応用方法
- 生クリームを使わないヌガーの作り方

材料（18×18cm×高さ5.6cm 角型 1台分）

### ■クッキー生地

無塩バター…50 g

粉糖…35 g

全卵…15 g

アーモンドプードル…15 g

薄力粉…90 g

### ■ヌガー

水あめ…35 g

グラニュー糖…45 g

牛乳…15 g

無塩バター…45 g

スライスアーモンド…70 g

下準備（共通）

- 型に型紙を敷く（→P.16）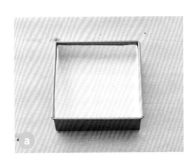。

※型紙を敷くことでヌガーが型にくっつくのを防ぎます。

下準備（手仕込みの場合）

- バターと卵を室温（20℃程度）に戻す。
- 粉糖をふるう。

下準備（フードプロセッサー仕込みの場合）

- バターはダイス状にカットし、冷蔵庫で冷やす。
- 卵は溶いて冷蔵庫で冷やす。

準備ができたら、作ってみよう！

## クッキー生地作り（手仕込み）

### ゴムベラ

**1** 室温に戻したバターをゴムベラでなめらかな状態にし、ふるった粉糖を加えて混ぜる。

**2** 溶きほぐした全卵を、少しずつ加えて混ぜる。

**3** **2**に薄力粉とアーモンドプードルを合わせてふるい入れ、ゴムベラで切るように混ぜ合わせる。

## クッキー生地作り（フードプロセッサー仕込み）

### フードプロセッサー

**1** フードプロセッサーに薄力粉、アーモンドプードル、粉糖を入れて5秒程度回し、粉類を混ぜ合わせる。

**2** 冷えたバターを加え、全体がしっとりとした粉チーズのような状態になるまで回す（サブラージュ）。

※バターが溶けているとここで生地がまとまってきてしまうので、冷たいバターを使うのが大事です。

## クッキー生地の成形・焼成

### ビニール袋

オーブン予熱スタート（170℃）

**5** **4**を18cm幅のビニール袋に入れて型の底の大きさに伸ばし、冷凍庫で20分冷やす。

**6** オーブンの余熱が終わったら（生地が冷えたら）袋から取り出して、型に敷く。

粉気がなくなったら、生地をゴムベラでボウルの底に押しつけるように
して、なめらかな状態にする（フレゼ）。

ここまではお好みの方法で
作ってみましょう

 カード

全卵を加え、そぼろ状になるまで
フードプロセッサーを回して取り
出す。

台の上で混ぜムラをなくすようにまとめる（フレゼ）。

※手の熱で生地を溶かさないようにカードなどを使うと◎。
※やわらかくなってしまったら一度冷蔵庫で冷やします。

角型

※生地を傷つけないよう、やさしく扱います。

フォークで生地全体に穴を開け
（ピケ）、170℃のオーブンで約30
分焼成する。

表面に薄く焼き色がついたら、オ
ーブンから出しておく。

※この後さらに焼成するので、ここではほ
んのり色づく程度でOK。

オーブン予熱スタート（160℃）

## ヌガーを作る
鍋

**9** アーモンドスライス以外の材料を全て鍋に入れて、中火にかける。混ぜながら沸騰させる。

## 焼成する
角型

**12** 全体がもったりとして持ち上げたときに、かたまりでボトッと落ちるくらいになったら火を止める。

**13** ⑧のクッキー生地の上にヌガーを流し、表面を平らにならす。

**14** 160℃のオーブンで約30分焼成する。

ナイフ

**17** カットしたい大きさに合わせて印をつけ、波刃のナイフを前後に動かしてカットする。

※さめるとヌガーが固まって割れてしまい、きれいにカットできないので、必ずヌガーがやわらかい温かいうちにカットします。
※カットは必ず波刃（パン切りナイフ）で！　前後に動かすようにナイフを使うときれいにカットできます。
※ヌガー面を下にしてカットすると、平らで美しい仕上がりになります。

### ゴムベラ

**10** アーモンドスライスを加え、火にかけたままゴムベラでヌガーとアーモンドをからめるように混ぜる。

**11** ヌガーにとろみが出るまで煮詰める。

※最初はサラサラとしているが、だんだんもったりしてきます。
※ここで煮詰めすぎると焼き上がりが固くなるので注意。

### カットする

**15** ヌガーにしっかり色が入ったらオーブンから出し、粗熱が取れるまでさます。

**16** 温かいうちに型から外して裏返す。

※手で触れるくらいの温かさがベストタイミング。

**22** 裏返してヌガーを上にし、さます。

● ヌガーが湿気やすいので、完全にさめたら密閉容器で保存する。あれば、乾燥剤を入れて保存するのがおすすめ。

77

サクサク生地になめらかなカスタードクリーム、
フルーツをたっぷりのせた華やかなタルト。少し工程は多いですが、
基本のタルトが作れるようになると季節ごとのフルーツでお好みのアレンジが
楽しめます。かんたんにセンスよくフルーツを盛りつけるコツもご紹介します。

基本の
レシピ

⏱ **作業時間** 2時間 + **焼き時間** 55分

# フルーツタルト

## ポイント

- タルト生地の厚みを均一にするために、めん棒は転がさず、すべらせる！
- しっかり敷き込み、冷やして焼くことでタルト生地がダレずきれいに焼き上がる
- カスタードクリームは沸騰しても火を止めない

## 学べること

- 基本のタルトの作り方
- なめらかなカスタードクリームの作り方
- フルーツデコレーションのテクニック

材料（直径15cm×高さ2.5cmタルト型　1台分）

| ■タルト生地 | ■クレームダマンド | ■カスタードクリーム | ■デコレーション |
|---|---|---|---|
| 無塩バター…60g | 無塩バター…45g | 牛乳…100g | お好みのフルーツ …適量 |
| 粉糖…40g | 粉糖…35g | 卵黄…2個分 | ナパージュ…適量 |
| 全卵…12g | 全卵…45g | グラニュー糖…25g | |
| 薄力粉…100g | 薄力粉…10g | 薄力粉…10g | |
| アーモンドプードル …10g | アーモンドプードル …45g | バニラペースト…少々 | |
| | | 無塩バター…10g | |

下準備

【タルト生地】

- 手仕込みの場合は、バターは室温（20℃程度）に戻し、粉糖はふるう。
- フードプロセッサー仕込みの場合は、バターをダイス状にカットし、冷蔵庫で冷やす。
- 生地と重石の間に敷くオーブンペーパーを用意する 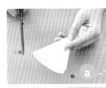。

※ 型より2cm大きい丸にカットし、3cm程度切り込みを入れる。

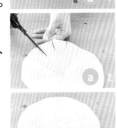

【カスタードクリーム】

- 薄力粉をふるう。

【クレームダマンド】

- バターと全卵を室温（20℃程度）に戻す。

【デコレーション】

- フルーツをお好みの大きさにカットする。

**準備ができたら、作ってみよう！**

## タルト生地作り（手仕込み）

ゴムベラ

室温に戻したバターをゴムベラでなめらかな状態にし、ふるった粉糖を加えて混ぜる。

溶きほぐした全卵を加えて混ぜる。

薄力粉とアーモンドプードルをあわせてふるい入れ、ゴムベラで切るように混ぜ合わせていく。

## タルト生地作り（フードプロセッサー仕込み）

フードプロセッサー

カード

フードプロセッサーに薄力粉、アーモンドプードル、粉糖、を入れて5秒程度回し、粉類を混ぜ合わせ、バターを加えて粉チーズ状になるまで回す。

全卵を加え、そぼろ状になるまでフードプロセッサーを回して、取り出す。

台の上で混ぜムラをなくすように押しながらまとめる。

※手の熱で生地を溶かさないようにカードなどを使います。

## タルト生地を成形する

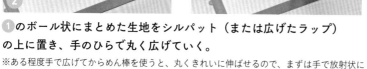
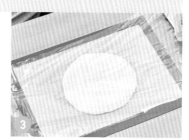

❶のボール状にまとめた生地をシルパット（または広げたラップ）の上に置き、手のひらで丸く広げていく。

※ある程度手で広げてからめん棒を使うと、丸くきれいに伸ばせるので、まずは手で放射状に押し広げます。

ラップをかぶせる。

粉気がなくなったら、生地をゴムベラでボウルの底に押し付けるようにして、なめらかな状態にする（フレゼ）。

出来上がった生地はラップに包み冷蔵庫で30分冷やす。

※成形前にボール状にするので形はなんでもOK。薄い方が冷えやすいです。

生地が冷えたら、一度ほぐして、ボール状にまとめる。

すぐに成形に入るので、ボール状にまとめる。

タルト生地はクッキー生地の作り方と同じです。手仕込み、フードプロセッサー仕込みお好みの方法で作ってみましょう！

**めん棒**

めん棒で中心から外側に向かってすべらせるように動かして、厚さが均一になるように生地を伸ばす。かぶせたラップにしわがよらないように気をつける。

※めん棒は転がすと押す力が強くかかるので、奥が薄く伸びて手前が厚くなりがちです。すべらせるように使うとデコボコせず、均一な厚さに伸ばしやすいです。

**タルト型**

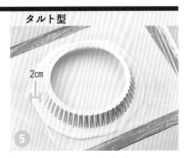

タルト型より2cm程度大きくなったら、シルパットごと冷蔵庫で30分程度冷やす。

## タルト生地を成形する

タルト型

生地がしなる程度のかたさになったら、ラップを下にしてシルパットを外す。

型に真上から生地をのせる。

## タルト生地を焼成する

オーブンを170℃に予熱し、その間、型ごと冷凍庫に入れて冷やす。

タルト生地がしっかり冷えたら、生地の底面にフォークでピケをする。

切り込みを入れたオーブンペーパーを敷き込んで重石をのせ、170℃のオーブンで20分焼成する。

## カスタードを作る

ホイッパー

小鍋に牛乳とバニラペースト、グラニュー糖の1/4程度を加えて混ぜ、火にかける。沸騰したら火を止める。

ボウルに卵黄を入れて割りほぐし、残りのグラニュー糖を加えてよく混ぜる。

17にふるった薄力粉を一度に加え混ぜる。

※牛乳は砂糖を加えて加熱すると、牛乳のたんぱく質が固まるのを防ぎ、膜ができにくくなります。
※卵黄に砂糖を加えたらすぐ混ぜます。時間を置くと砂糖が一気に水分を吸い上げ、卵黄が固まってしまいます。

めん棒

まずは生地を型の内側に入れ込む。

続けて、型の底面や側面に押しつけて敷き込む。

ラップを外し、型の上にはみ出した生地を外側に広げ、めん棒を転がしてカットする。

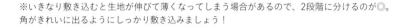

※いきなり敷き込むと生地が伸びて薄くなってしまう場合があるので、2段階に分けるのが◎。
角がきれいに出るようにしっかり敷き込みましょう！

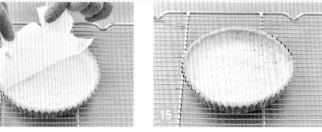

ふちに少し焼き色がついたら重石とオーブンペーパーを外し、さらに10分程度焼成する。

底面に薄く焼き色がついたら、オーブンから出してさます。

⑯の牛乳を少しずつ加えながら混ぜる。

鍋に⑲をこし戻す

強めの中火にかけ、ホイッパーで焦げないように混ぜる。1分程度でとろみがつき始め、全体が沸騰してくる。

※混ぜるときはホイッパーを使うとよりなめらかに仕上がります。ただし、鍋底の角もしっかり混ぜるのを忘れずに。

## カスタードを作る（続き）

ホイッパー

そのまま加熱して混ぜ続けると、すじが残るくらいのかたさになってくる。

※小麦粉のでんぷんが一番膨張している状態です。ここで火を止めてしまうと粘りの強いクリームになるので沸騰しても火を止めずに混ぜ続けます。

クリームがゆるみ、すじが残らない状態になったら火を止める。

※でんぷんの膨張が壊れた状態（ブレークダウン）になります。

## クレームダマンドを作る

ゴムベラ

ハンドミキサー

無塩バターをゴムベラでなめらかな状態にし、粉糖を加えて混ぜる。ここでオーブンを再び170℃に予熱する。

※バターは20℃程度がベストです。

ハンドミキサー（低速）で、白っぽくなるまで空気を含ませるように混ぜる。

ほぐした全卵を少しずつ数回に分けて加える。そのつどしっかり混ぜる。

## デコレーション（カスタードクリーム）

ゴムベラ

ハンドミキサー

㉖の冷やしておいたカスタードをボウルに入れ、ゴムベラでほぐす。

ハンドミキサーでなめらかになるまでほぐす

※あまり長くかけすぎるとコシが抜けてしまうので、なめらかになったらストップ。

84

24 無塩バターを加えて、全体がなじむまでよく混ぜる。

25 バットにあけ、すぐにラップをし、表面に密着させる。

26 氷水にあて、素早くさます。粗熱が取れたら冷蔵庫で冷やす。
※上に保冷剤を置くと早く冷えます。

## クレームダマンドをタルト生地に入れて焼成する

30 薄力粉とアーモンドプードルを合わせてふるい、29 に一度に加えてゴムベラで混ぜる。

31 全体が均一になったら、粗熱がとれた 15 のタルト型に 30 を流し入れ、表面をならす。170℃のオーブンで約25分焼成する。

32 焼き上がったらケーキクーラーの上でさます。

## 絞り袋

35 1cm程度の丸口金をつけた絞り袋に入れ、32 のタルト生地に絞る。
※タルトの外側から内側に向かって絞るときれいに絞れます。

**カットしたフルーツをまずは大きいものからのせていく。**

※カスタードに軽く埋め込むように、ランダムに間隔をあけてのせます。同じ向きにのせずに、いろいろな方向にのせるのがポイント！

※ある程度かたさのあるフルーツを先に盛りつけ、後に盛りつけるフルーツの支えにします。

※かたさと大きさのあるフルーツの例：いちご、パイナップル、メロンなど

**㊱の隙間を埋めるように中くらいの大きさのフルーツを盛りつけていく。**

※初めにのせたフルーツにたてかけたり、隙間に入れ込んだりしていきます。

※フルーツの向きが同じにならないように、意識するのがバランスよく見せるポイントです。

※中くらいのフルーツの例：オレンジ、グレープフルーツ、ぶどう、キウイなど（やわらかいフルーツでもOK）

**盛りつけたフルーツの位置を調整しながら、最後に小さいフルーツを隙間に盛りつける。**

※小さいフルーツの例：ブルーベリー、フランボワーズなど

**フルーツの表面にナパージュをぬる。**

※ナパージュにはフルーツの乾燥を防ぎ、ツヤを出す役割があります。

# タルトについて

一般的なフルーツタルトを作る工程は、大きく4つに分けられます。1つ目が「タルト生地を作る」工程、2つ目が「カスタードを作る」工程、3つ目が「クレームダマンドを作る」工程、4つ目が「デコレーションをする」工程です。それぞれの工程に役割と作るときに意識したいことがあります。それぞれの役割を意識して作れるようになると、よりおいしいタルトが作れるようになりますよ。

## タルト生地について

タルト生地には、タルトの土台という大切な役割があります。どんなタルトを作る場合でも、この生地がなければタルトにはなりません。タルト生地の作り方は、クッキー生地の作り方と同じです。ということは、作り方のポイントも同じです。土台までおいしく見映えのよいタルトを作るために、生地を混ぜているときに、バターを溶かさないようにすることと、しっかり「フレゼ（→P.64）」をすることを意識しましょう。

**タルト生地**

## カスタードクリームについて

フルーツなどを高くデコレーションする場合に、フルーツを支える役割があると同時に、フルーツの酸味を引き立てる役割もあります。なめらかな口当たりに仕上げるために、カスタードは強めの中火で一気に炊き上げることを意識しましょう。フルーツタルトのレシピ内のカスタードクリームはいちばん基本の作り方なので、様々なお菓子を作るときにも活用することができますよ。

**カスタードクリーム**

## クレームダマンドについて

クレームダマンドはタルトによく使われるフィリング（中身）で、アーモンドプードル、バター、砂糖、卵を使って作ります。バターと卵が分離しやすいので、卵を必ず数回に分けて入れ、入れるたびにしっかり混ぜ合わせて乳化させるのが、おいしく仕上げるポイントです。チョコレートタルトを作る場合などは、クレームダマンドを入れずにガナッシュを流し込んで、冷蔵庫で冷やしても。

**クレームダマンド**

## デコレーション

本書のフルーツタルトでは、手に入りやすい一般的なフルーツを使用しています。初心者でもかんたんにセンスよく盛り付けをするポイントは、大小さまざまに使えるフルーツを使用すること。レシピでも説明していますが、大きくしっかりしたフルーツをまずは支えになるように配置し、隙間を埋めるように残りのフルーツを盛り付けていくことを意識しましょう。
仕上げに塗る「ナパージュ」にはつや出しとフルーツの乾燥防止の役割があり、製菓材料店やインターネットで購入することができます。美しく仕上げたいときは、ぜひ作ってみてください。

**デコレーション**

サクサク、ほろっとパイのような生地が特徴のキッシュ。
具材を詰め込んでチーズをたっぷりかけて焼き上げたできたては格別です。
好きな具材にアレンジもできる基本のレシピにまとめました。
ブリゼ生地はフードプロセッサーを使うと手軽にできるのでおすすめです。

⏱ 作業時間 **1**時間 ＋ 焼き時間 **1**時間**20**分

# ガーリック
# シュリンプキッシュ

## ポイント

- バターを溶かさないように手早く粉類と合わせる
- バターがやわらかくなってきたら冷蔵庫で一度冷やす
- 練るとサクサク感がなくなるので、まとめるだけ、を意識する

## 学べること

- タルト生地とは違う、甘みのないパイのような生地（ブリゼ生地）の作り方

材料（直径15cm×高さ4.5cm タルト型 1台分）

### ■ブリゼ生地

無塩バター…70ｇ
薄力粉…75ｇ
強力粉…75ｇ
★全卵…30ｇ
★水…20ｇ
★塩…1.5ｇ
打ち粉（強力粉）…適量

### ■アパレイユ

全卵…2個分
生クリーム（40％程度）…200ｇ
塩・こしょう…適量

### ■具材

むきえび…160ｇ
たまねぎ…1/2個
ズッキーニ…1/2本
にんにく…3片
粉チーズ…適量
ピザ用チーズ…適量
塩・こしょう…適量
オリーブオイル…大さじ1

※生地に入れる卵は計量すると余ります。余った卵は後で使うので取っておきます。
※浅型（2.5cm）で作りたいときの分量→P.94

下準備

- バターはダイス状にカットし、冷蔵庫で冷やす。
- 手仕込みの場合は薄力粉と強力粉を合わせてふるう。
- ★は混ぜ合わせて冷蔵庫で冷やす。
- 生地と重石の間に敷く紙を用意する ⓐ、ⓑ。

準備ができたら、作ってみよう！

**カード**

ボウルにふるった薄力粉と強力粉、冷えたバターを入れてカードで切り込むように粉と合わせていく。

※カードが2つある方は、両手でやると早いです。

カードで切るように合わせ、大きなそぼろ状になったら、ボウルの底に押し付けるようにまとめていく。最後は手ですべての粉をまとめる。

※練るのではなくまとめるイメージで。練るとバターが溶けてサクサク感がなくなってしまいます。

## ブリゼ生地を成形する

**めん棒**　　　　　　**タルト型**

4cm

台の上で生地を伸ばす。最初は手で放射線状に丸く押し広げ、打ち粉をしてめん棒で伸ばす。型より4cm程度大きく伸ばす。

※ブリゼ生地はタルト生地と違い、ベトつかず、扱いやすいのも特徴です。打ち粉を使い、めん棒を転がして生地を伸ばします。

バターがある程度細かくなってきたら、手ですり合わせるようになじませていく。

※手が温かいとバターが溶けるので、手を冷やして作業をします。

全体が粉チーズのような状態になってきたら、中心にくぼみを作り、★を加える。

## ブリゼ生地作り（フードプロセッサー仕込み）

**フードプロセッサー**

ボール状にまとめてラップで包み、冷蔵庫で30分休ませる。

※生地を冷やす＆伸ばしやすくするために一度休ませます。ボール状にしておくと、成形のときに伸ばしやすくなります。

フードプロセッサーに薄力粉と強力粉を入れて5秒程度回し、バターを加えて粉チーズ状になるまで回す。★を加えて、そぼろ状になるまで回す。台の上で混ぜムラをなくすようにまとめて丸く整える。

※フードプロセッサーがあれば、時短になり、失敗しにくいのでおすすめです。フードプロセッサーの回しすぎ（ベトベトになってしまったら回しすぎ）には気をつけましょう。
※作り方はフロランタンの「クッキー生地作り（フードプロセッサー仕込み）」（→p.74）と同じです。

生地をめん棒に巻いて型の真上に置く。まずはシワを寄せながら生地を型の内側に入れ込み、次に型の底面や側面に押しつけて角までしっかりと敷き込む。

オーブン予熱スタート（180℃）

型の上にはみ出した生地を外側に
広げて、めん棒を転がしてカット
する。予熱が終わるまで冷凍庫で
生地を冷やす。

オーブンの余熱が終わったら、底
面にフォークでピケをする。

全体に薄く焼き色がつくまで焼成
する。

ブリゼ生地用に計量して余った全卵を焼き上がった焼成した生地の内側
全体に塗り、オーブンの余熱で約3分、卵を焼き固めてさます。
※ピケの穴を塞ぎ、アパレイユが漏れないようにするための工程です。

## アパレイユを作る

ホイッパー

卵をホイッパーでほぐし、生クリ
ームを加えてよく混ぜる。塩・こ
しょうで軽く味つけする。

## 焼成する（2回目）

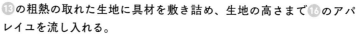

❸の粗熱の取れた生地に具材を敷き詰め、生地の高さまで❹のアパ
レイユを流し入れる。

## 焼成する（1回目）

あらかじめ用意したオーブンペーパーを敷いて重石をのせる。

180℃のオーブンで20分焼成する。

重石とシートを外して、さらに20分焼成する。

## 具材を作る

にんにくはみじん切り、玉ねぎはスライス、ズッキーニは半月切りにする。

オーブン予熱スタート（180℃）

フライパンにオリーブオイルを敷き、にんにくを炒めて香りを出す。具材を炒め、塩・こしょうでしっかりめに味つけし、バットなどにあけてさます。

※オーブンで焼成するので、軽くソテーする程度でOK。

表面にピザ用チーズ、粉チーズの順にかけ、180℃のオーブンで約40分焼成する。

※チーズはどちらかだけでもOK。

竹串をさして液体が出てこなければ焼き上がり。ケーキクーラーの上でさまし、型から外す。

- 具材の味をしっかりめに、アパレイユの味つけは濃くしすぎないのがおいしく作るコツ。
- 具材は、そのとき入れたいものにアレンジしてもおいしく作れます。
- 粗熱がとれたくらいが食べごろです。翌日に食べる場合は、冷蔵庫で保存し、トースターでリベイクするとおいしく食べられます。

# 浅型で作るキッシュの材料と焼成

キッシュは、深型を使って作るのが一般的ですが、分量と焼き時間を変えれば全く同じ作り方で浅型のタルト型でも作ることができます。キッシュを手作りしてみたいけれど、深型を持っていないという方はぜひ浅型のタルト型でチャレンジしてみましょう!

材料（直径15cm×高さ2.5cm タルト型　1台分）

| ■ブリゼ生地 | ■アパレイユ | ■具材 |
|---|---|---|
| 無塩バター…38g | 全卵…1個分 | むきえび…80g |
| 薄力粉…40g | 生クリーム（40％程度） | たまねぎ…1/4個 |
| 強力粉…40g | …100g | ズッキーニ…1/4本 |
| ★全卵…16g | 塩・こしょう…適量 | にんにく…1〜2片 |
| ★水…10g | | 粉チーズ…適量 |
| ★塩…0.8g | | ピザ用チーズ…適量 |
| 打ち粉（強力粉）…適量 | | 塩・こしょう…適量 |
| | | オリーブオイル…大さじ1 |

 焼成　1回目180℃ 20分 ▶ 重石とシートを外す ▶ 5分
2回目180℃ 約25分

## 「タルト」と「キッシュ」の違い

作り方がよく似ている「タルト」と「キッシュ」ですが、タルトの土台となる生地はクッキー生地に近い材料の配合と仕上がり、キッシュの土台となるブリゼ生地は材料の配合の違いでパイに近い食感に仕上がります。また、甘く仕上げるのがタルトで、甘く仕上げないのがキッシュという点でも違ってきます。キッシュは、具材を入れてアパレイユ（卵液）を流し入れたら、チーズをかけて焼くだけで、タルトほど見た目に気を遣う必要がありません。具材のアレンジもしやすいので、より日常に取り入れやすいかもしれませんね。

# 気軽に作れる
# 小さいお菓子

第4章では手軽に作れて、プレゼントにもぴったりな
手のひらサイズのお菓子を紹介。
どのレシピも工程が少なく、1時間あれば完成させることができます。
少し時間が経ってもおいしさをキープできるようにしてありますので
お土産やおもてなしにもぴったりです。

焼き立てはもちろん、翌日もしっとり&ふんわりが続くマフィンです。
シュガーバッター法で作る生地は空気を含んでいるので軽い口当たりに。
焼く前に具材を入れればアレンジマフィンも楽しめます。

基本のレシピ

⏱ 作業時間 **20**分 + 焼き時間 **25**分

# バターで作るマフィン

## ポイント

・バターにしっかり空気を含ませる
・材料を加える順番が大事！
・生地にツヤが出るまで合わせる

## 学べること

・シュガーバッター法で作るマフィンの作り方
・翌日もしっとり、ふんわりが続く生地の作り方
・アレンジ可能なマフィンの基本形

材料（直径4.5cm×高さ3cmマフィン型 6個分）

| | |
|---|---|
| 無塩バター…60 g | 牛乳…50 g |
| グラニュー糖…70 g | 薄力粉…80 g |
| 全卵…1個分 | ベーキングパウダー…4 g |
| アーモンドプードル…25 g | |

一般的なマフィン型とグラシンカップを使ってますが、同程度の大きさの紙のマフィン型でもOK

### お好みの具材をプラスしてもOK

具材のアレンジアイデア
・ベリーミックス
・チョコ×バナナ
・ブルーベリー×クリームチーズ
・いちじく×くるみ

## 下準備

・マフィン型にグラシンカップを敷く ⓐ 。
・バターと卵は室温（20℃程度）に戻す。
・薄力粉とベーキングパウダーを混ぜ合わせる。

ⓐ

準備ができたら、作ってみよう！

オーブン予熱スタート（180℃）

## 生地作り

ゴムベラ

① バターをゴムベラでなめらかな状態にし、グラニュー糖を加えてなじませる。

※ゴムベラをボウルに押しつけるように動かします。

ハンドミキサー

② ハンドミキサー（低速）で、バターが白くふわっと軽くなるまで空気を含ませる。

※ホイッパーを使ってもOK。

混ぜ終わり

⑤ 牛乳を一度に加えて、全体が均一になるまで混ぜる。

※気温が低い時期は、牛乳が冷たいとバターが固まってしまうので、牛乳も室温に戻しておきます。
※牛乳が入ると生地全体がゆるくなります。

⑥ よく混ぜ合わせた薄力粉とベーキングパウダーを、⑤にふるい入れる。

## 焼成する

⑪ 180℃のオーブンで約25分焼成する。

※途中15分で焼き色を見て、焼き色やふくらみに差があれば、天板ごと向きを変えましょう。

⑫ 焼き上がったらすぐに型から外し、ケーキクーラーの上でさます。

※表面を軽く押して、跳ね返りがあれば焼き上がりです。

③

混ぜ終わり

④

全卵を溶きほぐし、3回に分けて❷に加える。そのつどしっかり混ぜ合わせる。

アーモンドプードルを加えて、さらに混ぜる。

※アーモンドプードルはふるわずに、そのまま入れてOK。

## 型に入れる

ゴムベラ

⑦

⑧

マフィン型

⑨

ゴムベラで底から生地を返すように混ぜ合わせる。

粉気がなくなっても、生地にツヤが出るまで混ぜ合わせる。

型に6等分に流し入れる。

※スプーンなどで入れてもOK。最初は少なめに入れ、最後に残りの生地で均等になるよう調整すると均等になりやすいです。
※具材を入れてアレンジしたいときはこのタイミングで上にのせます。

## 理論

# マフィンの材料と仕上がり

使用する油脂（バター、オイル）と油脂に合わせた作り方によって、仕上がりが少し変わります。
どんな仕上がりになるか、断面の写真とともに見てみましょう。

しっとり、キメが細かい。
少し工程が多いものの、バターの風味が抜群！

バターで作るよりも、軽くふんわりとした仕上がり。
手軽に作れる反面、流動性のある生地になり、ガスによる気泡が内部に残りやすい

アレンジ
レシピ

# オイルで作るマフィン

## ポイント

・グラニュー糖をしっかり溶かす
・生地をしっかり混ぜ合わせる

## 学べること

・オールインワン法で作るマフィンの作り方

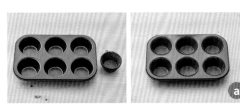

バターマフィンと同じ大きさ

材料（直径4.5cm×高さ3cmマフィン型 6個分）

| | |
|---|---|
| 全卵…1個 | 牛乳…50g |
| グラニュー糖…70g | アーモンドプードル…25g |
| 無塩バター…30g | 薄力粉…80g |
| 米油…30g | ベーキングパウダー…4g |
| ※米油はサラダ油を使ってもOK | アーモンドスライス…適量 |

下準備

・マフィン型にグラシンカップを敷く ⓐ。
・バターと卵は室温（20℃程度）に戻す。

**準備ができたら、作ってみよう！**

100

細かいことは気にせず、
材料をどんどん混ぜていくだけであっという間に完成！
バターを入れず、オイルのみで作ってもOKです。

オーブン予熱スタート（180℃）

## 生地作り

ホイッパー

**①** 耐熱容器にバターと米油を入れてラップをかけ、電子レンジ（600W）約30秒加熱してバターを溶かす。

※バターが溶け、全体が温まればOK。

**②** ボウルに全卵を溶きほぐし、グラニュー糖を加える。グラニュー糖が溶けるまでよく混ぜる。

**①** を少しずつ加えながら、しっかり混ぜ合わせる。

ホイッパー

**④** 牛乳を一度に加えて、全体が均一になるまで混ぜる。

**⑤** アーモンドプードル、薄力粉、ベーキングパウダーを合わせてふるい入れ、粉気がなくなるまでしっかり混ぜ合わせる。

混ぜ終わり

※ツヤが出て、サラッとした状態になるまでよく混ぜます。

## 型に入れて焼く

マフィン型

**⑥** 型に6等分に流し入れてアーモンドスライスを散らし、180℃のオーブンで約25分焼成する。

※流動性のある生地なので、アレンジをするときは沈まないような軽めの具材を選びましょう。

**⑦** 焼き上がったらすぐに型から外し、ケーキクーラーの上でさます。

※表面を軽く押して跳ね返りがあればOK。

はちみつとバターが香るしっとりふわふわの生地に仕上げます。
液体のオイルを入れることで翌日もしっとり感をキープ。
お好みでバターと油の比率はアレンジすることも可能です。
バター100％で作るとリッチな味わいになり、
米油100％で作るとより軽くふんわりに仕上がります。

# 基本のレシピ

⏱ **作業時間** 20分 + **焼き時間** 20分

# はちみつマドレーヌ

## ポイント

- 卵は泡立てすぎない（スポンジ生地ほど泡立てない）
- 粉を加えたら力を入れず優しく大きく混ぜる意識で
- バターと油を入れたらさっと混ぜる

## 学べること

- 翌日までやわらかさをキープできる生地のレシピ
- バターのコクとしっとり感（オイル）のバランス

## 材料（直径7.5cm ×高さ2cm ペットカップ 6個分）

全卵…2個　　　　　　　　ベーキングパウダー…0.5 g
グラニュー糖…50 g　　　　無塩バター…40 g
はちみつ…30 g　　　　　　米油…20 g（サラダ油でもOK）
薄力粉…70 g

100円ショップなどでも購入できます

## 下準備

- 型を天板に並べる **a**。
- 湯せん用に60℃程度のお湯を用意する **b**。
  ※手の甲に数滴のせて少し熱いと感じるくらいが目安（火傷に注意）。
- 薄力粉とベーキングパウダーを混ぜ合わせる。

**準備ができたら、作ってみよう！**

**ハンドミキサー**

① ボウルに卵を割り入れ、ハンドミキサーで溶きほぐす。

② グラニュー糖とはちみつを加え、さらに混ぜ合わせる。

③ ②を湯せんにかけ、生地が40℃程度になるまで温めながら泡立てる。

※湯せんにかけるときのボウルはステンレスがおすすめ。ガラスの耐熱ボウルは、厚みがある分、温まりにくいと同時にさめにくく、温度管理がしにくいのです。

⑥ 泡立て終了の見極めは、「8の字」を書いてゆっくり消えていく程度。

※泡立てすぎると仕上がりがパサついてしまいます。

⑦ ハンドミキサーを低速にし、約1分キメを整える。

※焼き上がりの生地のキメの細かさはここで決まります。

**ゴムベラ**

⑧ 薄力粉とベーキングパウダーを2回に分けてふるい入れる。半量加えたら、ゴムベラで底からすくい上げるように混ぜ合わせる。

※粉は加えるときにふるうとダマになりにくいです。

**型に入れて焼く**

⑪ ⑩を⑨の生地に戻し入れる。

⑫ 全体が均一な状態になるように、ゴムベラでさっと合わせる。

※油脂の量が多いので、混ぜすぎると気泡が消え、目の詰まったかたい仕上がりになってしまいます。

**ペットカップ**

⑬ 生地を絞り袋などに入れて、先端をカットし、型に均等に流し入れる。

※絞り袋には口金を入れなくてOK。その方が扱いやすいです。

バターと米油を別のボウルに入れ、湯せんにかけてバターが溶けるまで温める。

オーブン予熱スタート（170℃）

湯せんから外した③をさらに泡立てる。

粉気がなくなったら残りの薄力粉とベーキングパウダーをふるい入れ、同じように混ぜ合わせる。生地に少しツヤが出てきたら混ぜ終わり。

④に⑨の生地をゴムベラでたっぷりふたすくい程度加え、よく混ぜる。
※油脂と生地をしっかり乳化させ、分離した状態から繋がった状態にします。

一度天板ごと10cmくらいの高さから落としてショックを入れて気泡を抜き、170℃のオーブンで18〜20分焼く。

焼き上がったら、オーブンから出してすぐに天板を落としてショックを入れ、生地の熱気を抜く。
※熱気を抜かないと生地がどんどん縮んでいってしまいます。

天板から外し、ケーキクーラーの上でさます。

オーブンから漂うバターの香りと一口食べると広がる
メープルの優しい甘みがたまりません。
焼きたてはサクふわ、時間が経つとしっとり、
2つの食感を楽しめる焼菓子です。
まずは焼き立てを食べてみて。焼き立ては作った人の特権です!

基本の
レシピ

⏱ 作業時間 **20**分 + 焼き時間 **17**分

# メープルフィナンシェ

## ポイント

- 砂糖はしっかり溶かす
- 焦がしバターを生地に加える前に
  温度を調整する

## 学べること

- 焦がしバターの見極め方
- 基本のフィナンシェの作り方

材料（オーバル型 8個分 またはフィナンシェ型 12個分 )

卵白…90 g
はちみつ…10 g
グラニュー糖…30 g
メープルシュガー…50 g
アーモンドプードル…40 g

薄力粉…40 g
ベーキングパウダー…2 g
無塩バター…90 g
くるみ（素焼き）…20 g

本書ではオーバル型を使用

下準備

・型にオイルスプレーをかける（バターを薄く塗るでもOK) ⓐ ⓑ。
・アーモンドプードル、薄力粉、ベーキングパウダーは合わせてふるう。

準備ができたら、作ってみよう！ ▶

ゴムベラ　　　　　　　　　　　　　　鍋

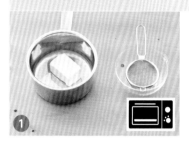

❶ 小鍋にバターを入れ、火にかける前に茶こしを器にセッティングしておく。オーブン予熱（180℃）をスタートする。

❷ 鍋に入れたバターを弱火にかけ、溶かす。

❸ バターが溶けると、沸騰して大きな泡が出てくる。

※この段階ではパチパチと水分が蒸発する音がします。

## 生地を作る

ホイッパー

❻ 焦がしバターの完成。そのままさましておく。

❼ 別のボウルで卵白をほぐし、はちみつ、グラニュー糖、メープルシュガーを加える。砂糖の粒がしっかり溶けるまでよく混ぜる。

※砂糖が溶けきっていないまま焼くと、焼面に白い斑点がでてしまうので注意！
※「泡立てる」のではなく、「混ぜる」意識で！

## 焼成する

型

❿ 焦がしバターが50℃程度にさめたら、❾の生地に加えてよく混ぜる。

※バターの温度が低いと生地にしっかり混ざらないので、冷たくなってしまったら湯せんで温めましょう。

⓫ 生地を絞り袋に入れて、先端をカットし、型に均等に流し入れる。

④ 次第に泡が細かくなり色づいてくるので、よく混ぜる。

※音がしなくなると、色づきはじめます。

⑤ 全体が茶色く色づいてきたら火を止め、茶こしでこす。

※焦がし具合はお好みで調整して下さい。
※余熱でも、火が入ってしまうので、火を止めたらすぐにこします。

混ぜ終わり

⑧ 砂糖（グラニュー糖とメープルシュガー）が完全に溶けたら混ぜ終わり。

⑨ ふるったアーモンドプードル、薄力粉、ベーキングパウダーを一度に加え、中心からゆっくりと混ぜ合わせる。

⑫ くるみを砕きながらのせて、180℃で約17分焼成する。

⑬ 焼き上がったらすぐに型から外し、さます。

※できたてはさっくり、時間が経つとしっとりとして違った味わいになります！

外はサクッと中はふんわり、アーモンド風味のダックワーズ生地に、
ラムレーズン入りのクリームを挟んで、ちょっと大人のフレーバーに。
ポイントを押さえれば手軽に作れる焼菓子で、
卵白消費にもぴったりのレシピです。

基本の
レシピ

⏱ 作業時間 **25**分 + 焼き時間 **18**分

# ラムレーズンダックワーズ

## ポイント

・ツノがしっかり立つメレンゲを作る
・粉合わせは泡をつぶさないように手早く行う
・しっかり粉糖をふって、割れないダックワーズ生地にする

## 学べること

・しっかりしたメレンゲの見極め
・メレンゲ生地の合わせ方
・絞り袋でのきれいな絞り方

材料（直径4cm 9個分）

■ダックワーズ生地
　アーモンドプードル…45 g
　粉糖…40 g
　薄力粉…8 g
　卵白…70 g
　グラニュー糖…20 g
　粉糖…適量

■ラムレーズンクリーム
　無塩バター…50 g
　粉糖…15 g
　スキムミルク…5 g
　ラムレーズン…30 g

下準備

・卵白は計量後、冷蔵庫で冷やす。
・丸口金を絞り袋に入れ、絞り袋を口金の
　中に入れる🅰。
・オーブンペーパーかシルパットを敷いた
　天板に4cmのセルクルと薄力粉（分量外）
　を使ってガイドラインをつける🅱。

準備ができたら、作ってみよう！

## 粉をふるう

① アーモンドプードル、粉糖、薄力粉を合わせてふるう。

オーブン予熱スタート（170℃）

## メレンゲを作る

ハンドミキサー

② まずは卵白だけをハンドミキサー（低速）で泡立てる。

## ダックワーズ生地を作る

ゴムベラ

⑤ ハンドミキサー（低速）で気泡のキメを整える。

⑥ ⑤にふるった①を全て加えて、はじめは切るように混ぜる。粉気がなくなったら、生地のムラがなくなるまで、下から返すように混ぜる。
※泡をつぶさないように手早く合わせます。

## 焼成する

※真上から絞り、絞り終わりは力を抜いてゆっくり切るように口金を離す。

⑨ 粉糖を2回に分けてふる。1回目は軽くふり、生地についた粉糖が溶けるまで待つ。
※2回に分けてふることで焼成時に粉糖が溶けてできる表面の膜を強くなり、焼き上がりの食感がサクッと仕上がります。

③ 軽く泡立ってきたら、グラニュー糖を一度に加える。

④ ハンドミキサー（高速）でピンとツノが立つくらいまでしっかりと泡立てる。

混ぜ終わり

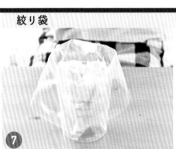

絞り袋

⑦ 直径1cmの丸口金を付けた絞り袋に、⑥の生地を入れる。

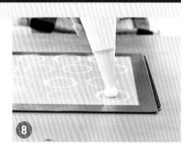

⑧ 薄力粉でつけたガイドラインに合わせながら、直径4cmのサイズに絞る。

※押しつけるのではなく、2cm程度の高さになるように絞ります。

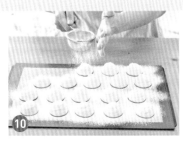

⑩

2回目はしっかりめにふり、170℃のオーブンで約18分焼成する。

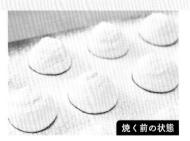

焼く前の状態

⑪ 焼き上がったら天板から外し、ケーキクーラーの上でさます。

ゴムベラ

**12** ラムレーズンを細かく刻む。

**13** バターをゴムベラでほぐし、なめらかになったら粉糖とスキムミルクを加えて、よく混ぜる。

※スキムミルクはバターの水分を吸い、ミルキー感を出してくれます。

ハンドミキサー

ゴムベラ

**14** **13**をハンドミキサーでバターが白くふんわりするまで泡立てる。

※バターの泡立て具合で味わいが変わります。バター感をしっかり出したい場合はあまり泡立てなくてOK。軽い味わいにしたい場合はしっかり泡立てます。

**15** **12**の刻んだラムレーズンを加えてゴムベラで混ぜ、絞り袋に入れる。

仕上げ

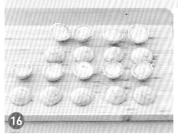

**16** **11**のさめた生地をはがして対になるように並べ、9個にクリームを絞る。

**17** 絞っていない生地をのせてサンドする。

114

# 第 5 章

## 特別なときに
## 作りたい
## ケーキ

第5章で紹介するのは、時間も手間もかかりますが
格別な味わいに仕上がるスポンジ生地のケーキたち。
難しそう、ふくらまないで失敗してしまったという声が多いスポンジケーキ、
コツさえ掴めばしっとりふわふわで見映えもよく仕上がります。
初心者さんでも実践しやすいコツを、細かなポイントと写真でしっかり紹介。
ケーキデコレーション方法も写真と共に丁寧に説明しています。
スポンジ生地に似た作り方のロールケーキや
アップサイドダウンケーキもぜひ作ってみてくださいね。

いろいろなケーキにアレンジすることができる
いちばん基本のスポンジの作り方を紹介！
ポイントを押さえればスポンジケーキをしっかりふくらませるのは
実はとてもかんたん。ここでは、ふわふわにしっかりふくらませるだけでなく、
しっとりおいしく仕上げるためのコツも一緒に学んでいきましょう。

## 基本のレシピ

⏱ 作業時間 25分 + 焼き時間 25分

# 基本のスポンジケーキ

### ポイント

- 卵をしっかり泡立て、薄力粉を加えてもつぶれない気泡を作る
- 薄力粉を泡立てた卵としっかり合わせる（しっとりした生地になる）
- 焼き上がりにショックを必ず入れる

### 学べること

- しっとり、ふわふわなスポンジケーキを作る理論
- つぶれない気泡を作る泡立ての見極めとタイミング
- しっとりしたスポンジに仕上げる粉合わせの手順と見極め

材料（18cm×18cm×高さ5.6cm　角型1台分）

全卵…180 g

上白糖…130 g

薄力粉…80 g

牛乳…30 g

無塩バター…15 g

下準備

- 型に型紙を敷く（→P.16）。
- 湯せん用に60℃程度のお湯を用意する ⓑ。
  ※手の甲に数滴のせて少し熱いと感じるくらいが目安（火傷に注意）。

準備ができたら、作ってみよう！

ハンドミキサー

泡立て終わり

全卵をハンドミキサー（低速）で
溶きほぐし、上白糖を加える。な
じむまで混ぜる。

①を湯せんに当てながら、卵の温度が40℃程度になるまで温めながら
泡立てる。

※このとき、お湯の温度は60℃程度をキープします。
※卵を手の甲にのせて温かいと感じるくらいが泡立て終わりのめやすです。

泡立て終わり

生地でしっかり文字が書け、厚み
が1cm程度になれば泡立て終わり。

※泡立て終わったとき、ボウルの外側を触
るとさめています。
※ここまでしっかり泡立てると気泡が強く
なり、つぶれにくくなります。

ハンドミキサー（低速）で1分程度、気泡のキメを整える。終わったら、
ハンドミキサーの羽を一本、牛乳とバターのボウルに入れておく。

※キメ細かい仕上がりスポンジになるかどうかは、この工程で決まります。

## 油脂を混ぜ合わせる

粉合わせ完了

生地にツヤが出て、持ち上げたと
きにスルスルと落ち、下でリボン
状になったら、粉合わせ完了のめ
やす。

③の50〜60℃に温めた牛乳とバターのボウルに⑦の生地の一部を加え
しっかり混ぜ合わせる。

※油脂は重くて沈みやすく、気泡をつぶしてしまう性質もあるので生地と比重を近づけてから
生地と混ぜると、生地全体を混ぜる回数が減り、気泡がつぶれにくくなります。

オーブン予熱スタート（170℃）

❷の卵のボウルを湯せんから外し、別のボウルで牛乳とバターを60℃程度まで温める。

❷の卵をさらにしっかりと泡立てる。

※このとき、ボウルの外側は触ると温かい状態。

## 粉を合わせる

ふるい

薄力粉の約半量を一部に偏らないよう、❺の生地のボウル全体にふるいながら加える。

ゴムベラ

ゴムベラで生地を底からすくい返すように、ボウルも回しながら生地に薄力粉を合わせる。粉気がなくなったら、残りの薄力粉を全体にふるい入れ、さらに返し合わせていく。

※「粉合わせ」は仕上がりのしっとり感が決まる大事な工程で、粉全体に水分をまわす役割があります（米を炊くときの浸水作業のような感じ）。持ち上げた生地がボトっと落ちる状態はNG。粉合わせが足りないと、焼成時にはふくらんでもオーブンから出したらしぼんでしまい、パサツキの原因に。

## 焼成する

角型

混ぜ終わり

全体が均一になったら、混ぜ終わり。

型に生地を流し入れ、10cmくらいの高さから一度落としてショックを入れ、大きな気泡を抜き、170℃で約25分焼成する。

表面を指の腹で軽く押して、生地の跳ね返りがあれば焼き上がり。

オーブンから出したら、すぐに10ｃｍくらいの高さから落としてショックを入れる。型を外し、さます。

※「ショックを入れる」工程には、生地の中の余計な水蒸気を抜く役割があります。ショックを入れないと、スポンジの中でさめた水蒸気が下へ落ち、スポンジ全体がしぼんでしまう原因に。

理論

# スポンジについて

### 思ったよりも甘い？

　完成したスポンジを、スポンジだけで食べると思っているよりも、甘く感じると思います。ですが、クリームやフルーツをサンドしたり、デコレーションしたりすると、全体でちょうどいいバランスの甘さに仕上がります。

　それは、フルーツの酸味によるものだけではありません。クリームと合わせるだけでもスポンジだけのときのようには甘く感じなくなるのです。

　「スポンジの甘さ」×「クリームの甘さ」でより甘くなると思いがちですが、クリームにはスポンジの甘さをマスキングする効果があり、スポンジの甘さを隠してしまいます。そのため、スポンジの甘さはクリームでマスキングされることを前提に逆算して、「スポンジ単体だと少し甘い」と感じるような配合にしています。

### 気泡をつぶさないコツ

　卵に空気を含ませるようにしっかり泡立てて、中にキメ細かく強い気泡を作ることが、しっとりふわふわでつぶれないスポンジを作るためにはとても大切です。
気泡の特徴と扱い方を知っておきましょう。

・**生地が温かいともろくつぶれやすい**
　→生地が温かいうちに粉を入れるのはNG！粉合わせは生地がさめてから。ガラスボウルは熱を放出しにくいので、ステンレスのボウルを使う。
・**油脂には気泡をつぶしてしまう性質がある**
　→油脂をそのまま生地に入れるのはNG。気泡を含む生地少量（ゴムベラでふたすくい程度）と油脂を先に混ぜ、生地と油脂の比重を近づけてから合わせる。
・**粉合わせまではしっかり、油脂を加えたら時間をかけない**
　→粉合わせや油脂を加えるときに多少の気泡がつぶれることも想定し、強い気泡を作るためにしっかり泡立てているので、粉（薄力粉など）を加えてもすぐにはつぶれません。粉合わせまでは焦らずていねいに。油脂（バターなど）を加えたら、できるだけ時間をかけずに手早く合わせましょう。

# 〈早見表〉スポンジの材料と焼成

ここでは、「基本のスポンジケーキ」と「チョコレートケーキ」のチョコスポンジを別の形やサイズで作りたいという場合のために、本書の作り方で作れるサイズ・型違いの材料の分量と焼成を一覧にしてまとめました。分量と焼成以外の作り方やめやすは各レシピと同じなので、ぜひ参考にしてみてくださいね。焼成時間は全てめやすのため、様子を見ながら調整してください。

## 基本のスポンジケーキ（P.116）

| 角形 | 12cm | 15cm | 21cm |
|---|---|---|---|
| 全卵 | 80 g | 125 g | 245 g |
| 上白糖 | 57 g | 90 g | 175 g |
| 薄力粉 | 35 g | 55 g | 110 g |
| 牛乳 | 13 g | 20 g | 40 g |
| 無塩バター | 6 g | 10 g | 20 g |
| 焼成温度 | 170℃ | | |
| 焼成時間 | 20〜25分程度 | | 30分前後 |

| 丸型 | 12cm(4号) | 15cm(5号) | 18cm(6号) | 21cm(7号) |
|---|---|---|---|---|
| 全卵 | 70 g | 110 g | 160 g | 215 g |
| 上白糖 | 50 g | 80 g | 115 g | 156 g |
| 薄力粉 | 35 g | 55 g | 80 g | 110 g |
| 牛乳 | 13 g | 20 g | 30 g | 40 g |
| 無塩バター | 6 g | 10 g | 15 g | 20 g |
| 焼成温度 | 160℃ | | | |
| 焼成時間 | 約20分 | 約25分 | 約30分 | 約35分 |

## チョコレートケーキ（スポンジ、P.128）

| 丸型 | 12cm | 15cm | 18cm | 21cm |
|---|---|---|---|---|
| 全卵 | 80 g | 125 g | 180 g | 245 g |
| 上白糖 | 57 g | 90 g | 130 g | 175 g |
| 薄力粉 | 25 g | 40 g | 57 g | 80 g |
| ココアパウダー | 10 g | 15 g | 23 g | 30 g |
| 牛乳 | 13 g | 20 g | 30 g | 40 g |
| 無塩バター | 6 g | 10 g | 15 g | 20 g |
| 焼成温度 | 170℃ | | | |
| 焼成時間 | 約20分 | 約25分 | 約30分 | 約35分 |

| 角形 | 12cm(4号) | 15cm(5号) | 21cm(7号) |
|---|---|---|---|
| 全卵 | 70 g | 160 g | 215 g |
| 上白糖 | 50 g | 115 g | 156 g |
| 薄力粉 | 25 g | 58 g | 78 g |
| ココアパウダー | 9 g | 22 g | 30 g |
| 牛乳 | 13 g | 30 g | 40 g |
| 無塩バター | 6 g | 15 g | 20 g |
| 焼成温度 | 160℃ | | |
| 焼成時間 | 20〜25分程度 | | 約30分 |

基本のスポンジをしっとりふわふわに作れたら、ショートケーキを作ってみましょう！
ここで紹介するのは「ショートケーキを作りたい！けどナッペが苦手…」という方に
ぴったりのレシピ。特別な道具と難しいナッペがいらないので、
だれでもかわいいデコレーションのショートケーキを仕上げることができて、
おうちスイーツにもぴったり。ホールにしてもカットにしてもOKな
万能ショートケーキです！

カットケーキも
美しく仕上げよう！

アレンジ
レシピ

⏱ 作業時間 **40**分

# ショートケーキ

## ポイント

- 生クリームののかたさを変えてデコレーションする
  →サンドはかため、絞りはやわらかめ
- いちごはきれいに並べる
  →いちごを意識していねいに並べるだけで、かわいらしさがアップ！

## 学べること

- ケーキの仕上がりが変わる生クリームの泡立てのコツ
- 全部をボソボソにしない、ホイップクリームの扱い方

### 材料（18cm×18cm 1台分）

基本のスポンジケーキ（18cm×18cm×高さ5.6cm角型）…1台分
いちご…適量
■シロップ
　水…20g
　グラニュー糖…15g
　グランマニエ…5g（あれば）
■生クリーム
　生クリーム（40%程度）…350g
　グラニュー糖…30g

パレットナイフ

### 下準備

- 「基本のスポンジケーキ」（→P.116）を焼き、さます。
- シロップを作る。
  ❶ 水とグラニュー糖を電子レンジ（600W）で30秒加熱する。
  ❷ よく混ぜてグラニュー糖を溶かす。
  ❸ グランマニエを加えて混ぜる。
- 氷水を用意する。
  ※ボウルの中で氷の上にふきんを敷くとガタガタせず、扱いやすい。

準備ができたら、作ってみよう！

## スポンジをスライスする

**ナイフ**

① さましたスポンジについている型紙をはがし、スポンジ表面の焼面を波刃のナイフで薄く切り落とし、平らにする。残っている部分も手でていねいにはがす。

※スポンジ表面の焼き色がついている部分は手でもかんたんにはがせます。

② スポンジを半分にスライスする。

## ホイップクリームを作る

**ホイッパー**

かため（8分立て）

やわらかめ（7分立て）

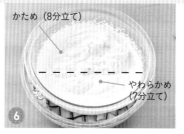

**ホイッパー**

⑤ ボウルに生クリームとグラニュー糖を入れて氷水にあて、7分立てに泡立てる。

⑥ クリームの一部をホイッパーでしっかりとかたい8分立てに調整し、ボウル内でかたさを分ける。

⑦ まずは8分立てのクリームをひとすくい、スポンジの上にのせる。

※サンドで使うクリームは、やわらかいとずれたり、つぶれてしまったりするのでかための8分立てを使います。ボウルのクリームをすべてかたく泡立ててしまうと、サンドの次の工程で使うやわらかいクリームがなくなってしまうので、ボウルの半分より手前をかために泡立てて使う意識で！

ココ！

⑨ 適宜いちごを切って調整しながら、中心にもなるべく隙間のないように並べる。

⑩ 並べたいちごの上に、8分立てのクリームをのせ、いちごといちごの間にある隙間を埋めるように伸ばす。もう一枚のスポンジをかぶせて軽く押して接着させる。

※このとき、クリームが側面にはみ出してもOK。

## シロップを塗る

はけ

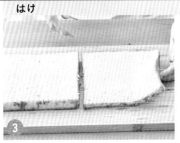

焼面がついていた方のスポンジは裏返して使う。底面（下側になる）スポンジに、はけでシロップをぬる。

## いちごをスライスする

ナイフ

いちごをスライスする。

※なるべく同じ厚さになるように。

## ホイップクリームといちごをサンドする

パレット

パレットを使って、生地全体になるべく均一にクリームを伸ばす。スライスしたいちごを外側に一周並べる。

※いちごは外周からを並べると、カットした時に断面がきれいに見えます。

※いちごは丸みを帯びた方を上にして並べると、隙間にもしっかりクリームが入り、全体に隙間のないケーキに仕上がります。

かぶせたスポンジの上面にシロップを塗る。

側面にはみ出したクリームやクリームが足りていない部分をパレットで整える。

※この工程がカットしたときに、クリームが入っていない部分が発生するのを防ぎます。

## マスケをする

ホイッパー　　　　　　　　　　　パレット

**⑬ 上面に少量の8分立てのクリームをのせ、表面に薄く塗る。**

※「マスケ」と呼ばれる工程です。生地のくずが表面に出ないようにする役割があります。

## クリームといちごをデコレーションする

**⑭ 仕上げに7分立てのクリームをのせ、平らになるようにクリームを伸ばす。冷蔵庫で30分ほど休ませる。**

※やわらかいクリームを仕上げに塗ると、表面がボソボソにならず、見た目がよくなります。クリームに触る回数が増えるとボソボソになるので、なるべく少ない手数で。
※冷蔵庫でクリームを冷やすことで油脂分が冷え固まり、きれいにカットすることができます。

**⑮ ナイフを軽く温め、四辺をカットする。**

※1カットごとにナイフを温め、きれいにふき取ります。
※ナイフを温めると、クリームを溶かしながらカットできるので、きれいな仕上がりに。ただし、温めすぎは注意！　あつあつだとクリームが溶けすぎてしまいます。

**⑯ ケーキを皿に移し、残った7分立てのクリームを絞り、いちごを飾って完成。**

※お好みの絞り方、飾り方でOK。ここでは、丸口金で外周に丸くクリームを絞り、余ったクリームは中心に絞ってからヘタを取ったいちごをのせています。比較的やさしい、初心者におすすめのデコレーションです。4つの角から絞っていくと、バランスがとりやすくきれいに仕上がります。
※大きいままデコレーションするとホールケーキになりますが、お好みの大きさにカットをしてからデコレーションをするとキレイなカットケーキになります。

# ホイップ 生クリームの泡立て

本書では、原則動物性・乳脂肪分40%の生クリームを泡立ててホイップクリームを作っています（チョコレートを使うお菓子は35%）。一般的なスーパーでは35%程度〜47%程度の生クリームが販売されていますが、40%程度が口どけのよさ、扱いやすさ、保形性のバランスがよくおすすめです。植物性油脂の生クリームは泡立ててから分離しにくく、初心者でも扱いやすいですが、個人的にはおいしさを求めるなら動物性乳脂肪の生クリームで作りたいところです。

## 使うもの

・生クリーム
・グラニュー糖
・ボウル　2個
・ハンドミキサー

・氷水
※生クリームは、泡立てる直前まで冷蔵庫で冷やしておく（5℃以下にする）。

## 作り方

よく冷えた生クリームとグラニュー糖をボウルに入れ、別のボウルに氷水を入れて、生クリームのボウルを氷水にあてる。

ハンドミキサー（低速）で泡立てる。
※ハンドミキサーを低速でスタートさせるのは、高速だと生クリームが跳ねやすい状態だからです。

生クリーム全体にとろみが出てきたら、ハンドミキサーのスピードを上げる。
※とろみが出てくると、跳ねにくくなってきます。

作るお菓子に合わせたかたさになるまで、泡立てる。

## 仕上がりの状態

### 6分立て
（小さなツノが立つ状態）
ムースなどのお菓子で使う。

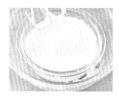
### 7分立て
（しっかりツノが立つ、ホイッパーですくえる状態）
仕上げのデコレーションに使うと、見た目がよくなる。

### 8分立て
（ツヤがなくなり、ホイッパーでしっかりすくえる）
生地で巻いたり、サンドしたりするときはかたい方がずれや崩れを防げる。

### 混ぜすぎ
（ボソボソとした状態）
口に入れたときになめらかさが感じられず、おいしくない。

### 分離
（油脂分と水分が分離して黄色っぽく、バターに近い状態）
食べた感じは、生クリームではなく、ボソボソとしたバタークリーム。

## 同じボウルで2種類のかたさに調整する

デコレーションは7分立て、サンドするときは8分立てにして使いたいなど、同じお菓子で2種類のかたさのホイップクリームを使いという場合は、同じボウルの中で一旦7分立てまで全体を泡立ててから、半分だけさらに8分立てまで泡立てると洗い物が増えず、生クリームの劣化を防げるので、おすすめです。

（手前側）
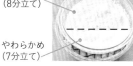

かため（8分立て）
やわらかめ（7分立て）

基本のスポンジケーキを少しアレンジするだけで
しっとりふわふわなチョコレートスポンジに。
口の中でスッととけていくシンプルだけど、リッチなチョコレートケーキは絶品です。
最後に振りかけるココアパウダーが多少の失敗は隠してくれますので、
ナッペ初心者の方もぜひこのデコレーションにチャレンジしてみてくださいね。

アレンジ
レシピ

⏱ 作業時間 **2**時間 ＋ 焼き時間 **25**分

# チョコレートケーキ

## ポイント

- ココアパウダーは気泡をつぶしやすいので混ぜすぎない
- チョコレートクリームを作るときは、低脂肪の生クリームを使うとボソボソになりにくい
- ナッペをするときは回転台を回しすぎない

## 学べること

- チョコスポンジの作り方
- なめらかで扱いやすいチョコレートクリームの作り方
- ナッペの基本の技術

材料（直径15cm×高さ6cm丸型 1台分）

| ■チョコスポンジ | ■シロップ | ■チョコクリーム |
| --- | --- | --- |
| 全卵…110g | 水…20g | チョコレート（55%程度）…80g |
| 上白糖…80g | グラニュー糖…13g | 生クリーム（35%程度）…50g |
| 薄力粉…40g | ラム酒…3g | ラム酒…5g |
| ココアパウダー…15g | | ★生クリーム（35%程度）…250g |
| 牛乳…20g | | |
| 無塩バター…10g | | |

回転台とパレットナイフ

下準備

- 型に型紙を敷く（→P.16）。
- 氷水を用意する。
- 湯せん用に60℃程度のお湯を用意する。
- シロップを作る。
  ❶ 水とグラニュー糖を電子レンジ（600W）で30秒加熱する。
  ❷ よく混ぜてグラニュー糖を溶かす。
  ❸ ラム酒を加えて混ぜる。

▶ 準備ができたら、作ってみよう！

ホイッパー

生クリーム50gを沸騰させ、チョコレートを入れたボウルに注ぎ入れる。1分程度そのまま置き、余熱でチョコレートを溶かす。1分経ったら、ホイッパーで全体をよく混ぜて乳化させる。

ホイッパー

直前まで冷蔵庫で冷やしておいた生クリーム250g（★）を加え、均一になるまでよく混ぜる。全体が均一になったら、冷蔵庫に入れて1時間以上休ませる。

※ここでは泡立てません。デコレーションの直前に泡立てます。

※チョコレートの油脂分を安定させ扱いやすいホイップクリームにするために、最低でもスポンジを作っている間は冷蔵庫で休ませます。

オーブン予熱スタート（160℃）

⑤の卵のボウルを湯せんから外し、別のボウルで牛乳とバターを60℃程度まで温める。

⑤の卵をさらにしっかりと泡立てる。

※このとき、ボウルの外側は触ると温かい状態。

全体が均一に混ざったら、ラム酒を加えてさらによく混ぜ、氷水に当てて35℃程度まで冷やす。

※気温が低い時期は、氷水に当てなくてもすぐに温度が下がります。

## チョコスポンジを作る（卵を泡立てる）

ハンドミキサー

泡立て終わり

全卵をハンドミキサー（低速）で溶きほぐし、上白糖を加える。なじむまで混ぜる。

湯せんに当てながら、卵の温度が40℃程度になるまで温めながら泡立てる。

※このとき、お湯の温度は60℃程度をキープします。
※卵を手の甲にのせて温かいと感じるくらいが泡立て終わりのめやすです。

泡立て終わり

生地でしっかり文字が書け、厚みが1cm程度になれば泡立て終わり。

※泡立て終わったとき、ボウルの外側を触るとさめています。
※ここまでしっかり泡立てると気泡が強くなり、つぶれにくくなる。

ハンドミキサー（低速）で1分程度、気泡のキメを整える。終わったら、ハンドミキサーの羽を一本、牛乳とバターのボウルに入れておく。

※キメ細かい仕上がりスポンジになるかどうかはこの工程で決まります。

## チョコスポンジを作る（粉を合わせる）

ふるい

ゴムベラ

粉合わせ完了

**9** 薄力粉とココアパウダーの約半量をふるいながら **8** の生地のボウルに加える。

※生地の一部に偏らないよう全体に振るイメージで。

**10** ゴムベラで生地を底からすくい返すように合わせ、全体が均一になったらもう半量の薄力粉とココアパウダーをふるい入れ、さらに合わせる。

※ココアパウダーに含まれる油脂分は、気泡を消してしまうので、混ぜすぎないようにします。

## チョコスポンジを作る（焼成する）

丸型

**13** 型に流し、10cmくらいの高さから一度落としてショックを入れ、大きな気泡を抜く。160℃のオーブンで約25分焼成する。

**14** 表面を指の腹で軽く押して、生地の跳ね返りがあれば焼き上がり。焼き上がったら、ショックを入れて型から外し、さます。

※ショックを入れて、生地の中の余計な水蒸気を抜きます。ショックを入れないとさめた水蒸気が下へ落ち、スポンジ全体がしぼんでしまいます。

## チョコスポンジをスライスする

ナイフ

**16** しっかりさめたスポンジの型紙と表面の焼面をはがし、3枚にスライスする。

※スポンジ表面の焼面は、手でもかんたんにはがせます。

## チョコスポンジを作る（油脂を混ぜ合わせる）

⑪ ⑥の牛乳とバターのボウルに生地の一部を加えて混ぜ合わせる。

⑫ ⑪を⑩のボウルに戻し入れ、全体が均一になるように混ぜる。

※油脂は重くて沈みやすく、気泡をつぶしてしまう性質もあるので生地と比重を近づけてから生地と混ぜると、生地全体を混ぜる回数が減り、気泡がつぶれにくくなります。

## チョコクリームを作る（2）

ハンドミキサー

⑮

休ませていた❸のチョコクリームのボウルを冷蔵庫から出し、氷水は当てずにハンドミキサーで7分立ての状態に泡立てる。

※氷水に当ててホイップするとチョコレートの油脂分が冷え、クリームがかたくボソボソになりやすいので、泡立てるときはそのまま、泡立て終えたら保冷のために氷水に当てておきます。

## シロップを塗る

はけ

⑰

3枚のスポンジのうち、底面（一番下側になる）のスポンジにはけでシロップを塗る。

## クリームを調整する

ホイッパー

⑱ かため（8分立て）
やわらかめ（7分立て）

⑮のチョコクリームの一部をホイッパーですくえる程度のかたさの8分立てに調整する。

ホイッパー　　　　　　　　　パレット

8分立てのクリームひとすくいをスポンジにのせ、パレットで伸ばし広げる。

※サンドで使うクリームは、やわらかいとずれてしまうのでかための8分立てを使います。

## マスケをする

はけ　　　　　　　　　　　回転台　　　　　　　　　　パレット

最後の生地は裏返してスライスした面を上にしてのせ、シロップを塗る。

回転台にクリームをサンドした㉑スポンジをのせ、8分立てのクリームを上面に薄く塗る。

※「マスケ」と呼ばれる工程です。生地のくずが表面に出ないようにする役割があります。

パレット

のせたクリームを上面全体に広げ、少しはみ出すようにする。パレットを側面に当てて回転台を回し、はみ出したクリームを上に出す。

※クリームを上に出しておくと、最後きれいに角を出すことができます。

 **はけ**  **パレット**

真ん中の生地をのせて、底面のスポンジのときと同様にシロップを塗り、8分立てのチョコクリームをひとすくいのせ、パレットで伸ばし広げる。

**ナッペする**

  **ホイッパー**

上面からはみ出たクリームを側面にも伸ばし、薄く塗る（マスケ）。

7分立てのクリームをを上面にひとすくいのせる。

  **つけて、引く**

パレットに7分立てのクリームを少しずつとり、側面に一周クリームをつけていく。

※いきなり回転台を回して塗るのではなく、まずは全体をクリームで覆います。（パレットにひとすくいクリームをつけ、側面に当てて引く、というのを繰り返す）

## パレット

回す方向

**27**

ココ！

**パレットを側面にあてて回転台を回して、側面がなめらかになるまで整える。**

※回転台を回すのはここからでOK！　パレットナイフは固定し、回転台のみを動かします。何度も回転させるとクリームがボソボソしてくるので効率よく！

※側面がなめらかになってくると、上面にクリームがせり出してきます。

## デコレーションする

### 絞り袋

**29**

**ケーキを皿に移し、残った7分立てのクリームを丸口金をセットした絞り袋に入れ、外側に一周絞る。**

※ケーキのふちギリギリではなく、5mm程度内側に絞ると美しく仕上がります。

### 茶こし

**31**

**お好みで、ココアパウダー（分量外）を茶こしで全体に振り、完成。**

※茶こしはパレットナイフなどをあてて振ると、均一に力が入りやすく、バランスよくココアパウダーを振ることができます。

●カットするときは、ナイフを軽く温めます。1カットごとにナイフを温め、きれいにクリームをふき取りましょう。

●ナイフを温めると、クリームを溶かしながらカットできるので、きれいな仕上がりにできますが、温めすぎには注意。あつあつだとクリームが溶けすぎてしまいます。

上面にせり出しているクリームを取り除いて角を出し、回転台との接着部分に斜めにパレットを当て、回転台を回して整える

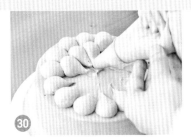  

一周絞ったら、そのすぐ内側にさらに一周絞る、を繰り返し、中心まで絞る。

## 理論

# チョコレートクリームについて

チョコレートケーキで使用しているホイップクリームは、生クリームに砂糖ではなくチョコレートを加えて作る「チョコホイップクリーム」です。生クリームにも、チョコレートにも油脂が含まれているので、油脂量を調整するため乳脂肪分「35％」と他のレシピよりも低いものを使っています。油脂が多いと早く泡立つのですが、泡立てていなくても作業をしているだけで、泡立ちは進んでいきます。油脂が多い分、そのスピードも早く作業中にどんどんボソボソになっていってしまうので、生クリームは35％にして全体の油脂量を調整しているのです。

また、チョコレートに含まれる油脂が冷えるとすぐに固まってしまうので、チョコレートクリームのを泡立てるときは氷水にあてません。

---

⏱ 作業時間 **50**分 ＋ 焼き時間 **12**分

**基本の
レシピ**

# はちみつロールケーキ

## ポイント

- 時間が経つと表面がはがれやすくなるので、生地がさめたらすぐに巻く
- きれいな仕上がりの形をキープするために、巻き込む生クリームはかためにする
- 巻くときは力を入れずに転がすイメージで、一気に巻く

## 学べること

- ロール生地とスポンジ生地の違い
  →粉の割合が少ないと巻くときに割れにくい生地になる
- きれいな仕上がりになるロールケーキの巻き方

### 材料（28cmロール天板 1枚分）

■ロール生地
　全卵 …3個
　はちみつ …15 g
　グラニュー糖 …55 g
　薄力粉 …45 g
　牛乳 …20 g
　無塩バター …10 g

■生クリーム
　生クリーム（40％程度）
　　…200 g
　はちみつ …20 g

### 下準備

- ロール天板に型紙を敷く
  （→P.16）。
- 湯せん用に60℃程度のお湯を用意する。
- 氷水を用意する。

**準備ができたら、作ってみよう！**

はちみつ入りの生地はまるでカステラのよう。
クリームの甘みにもはちみつを使うとこっくりとした味わいに。
シンプルに生クリームだけで仕上げるだけで抜群においしいロールケーキが仕上がります。
生地を高温でしっかり焼き色をつけて焼き上げると、表面がはがれにくくなります。

## ロール生地を作る（卵を泡立てる）

ハンドミキサー

全卵をハンドミキサー（低速）で溶きほぐし、グラニュー糖・はちみつを加えなじませる。

※はちみつは砂糖を固めてしまうので、入れたらすぐに混ぜます。

卵を湯せんに当てながら、40℃程度になるまで温めながら泡立てる。

オーブン予熱スタート（180℃）

❷の卵のボウルを湯せんから外し、別のボウルで牛乳とバターを60℃程度まで温める。

❷の卵をさらにしっかりと泡立てる。

※このとき、ボウルの外側は触ると温かい状態。

混ぜ終わり

生地でしっかり文字が書け、厚みが1cm程度になれば泡立て終わり。

※泡立て終わったとき、ボウルの外側がさめている。
※ここまでしっかり泡立てると気泡が強くなり、つぶれにくくなる。

ハンドミキサー（低速）で1分程度、気泡のキメを整える。終わったら、ハンドミキサーの羽を一本、牛乳とバターのボウルに入れておく。

※キメ細かい仕上がりになるかどうかはこの工程で決まります。

## ロール生地を作る（粉を合わせる）

### ふるい、ゴムベラ

**6**

**粉合わせ完了**

**5**の生地のボウルに薄力粉の約半量を一部に偏らないよう、全体にふるいながら加える。ゴムベラで生地を底からすくい返すように、ボウルも回しながら生地と薄力粉を合わせる。粉気がなくなったらもう半量も同様に繰り返し、生地の粉っぽさがなくなりツヤが出るまで混ぜる。

※ この工程でロール生地のしっとり感が決まります。粉合わせが足りないと、焼成時にはふくらんでもオーブンから出したらしぼんでしまい、パサツキの原因に。

## ロール生地を作る（焼成する）

### ロール天板　　　　　カード

**8**

型に生地を流し入れ、カードなどを使ってまずは四隅にしっかり生地を行き渡らせる。表面を平らにならす。

※カードを持つ手の向きを変えるのではなく、型を回して向きを変えると均一に力がかかり、きれいにならすことができます。

## クリームを泡立てる

### ハンドミキサー

**11**

生クリームにはちみつを加え、ボウルを氷水に当てながらハンドミキサーで8分立てに泡立てる。

※クリームがやわらかいとロール生地に巻いたときに形を保てず、ダレやすいので少しかために泡立てます。

## ロール生地を作る（油脂を混ぜ合わせる）

ハンドミキサー

**⑤**の50〜60℃に温めた牛乳とバターのボウルに生地の一部を加えて、取っておいたハンドミキサーの羽で混ぜる。生地のボウルに戻し入れて全体が均一になるまで混ぜ合わせる。

※油脂は重くて沈みやすく、気泡をつぶしてしまう性質もあるので生地と比重を近づけてから生地と混ぜると、生地全体を混ぜる回数が減り気泡がつぶれにくくなります。

生地の表面が平らになったら、10cmくらいの高さから一度落としてショックを入れ、大きな気泡を抜き、180℃で約12分焼成する。

焼き上がったら、すぐに10cmの高さから落としてショックを入れ、型から外しケーキクーラーの上でさます。

※焼き色がつき、中央を指の腹で軽く押して跳ね返りがあれば焼き上がり。

## ロール生地の型紙をはがす

オーブンペーパー

さめたロール生地についている側面の型紙をていねいにはがす。生地より10cmほど長く切ったオーブンペーパーをかぶせて裏返し、型紙をはがす。

## クリームを伸ばし広げる

カード

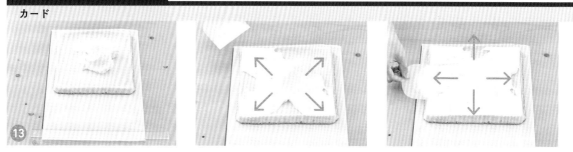

泡立てたクリームをすべてロール生地の中心にのせ、カードを使って全体に均一に伸ばす。

※まずは角へ、次に辺に向かって中心のクリームを外側に広げていくイメージです。

※滑り止めとして、シルパットやかたく絞った濡れ布巾をオーブンシートの下に敷くと、作業がしやすくなります。

## 巻き上げる

手前の生地を持ち上げ中心軸を作り、力を入れず転がすように巻いていく。

※力を入れると生地が割れやすいので、オーブンペーパーを持ち上げて中心軸を転がすイメージで巻きます。

埋め終わり。食べるときはカットするので、ほどほどでOK。

再度オーブンペーパーをかぶせて、定規などを使ってロールを締める。

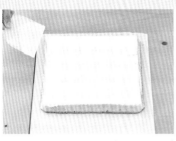

伸ばし終わり。仕上げにカードで表面を平らにならす。

巻き終わり2cmくらいの部分のクリームをカードで取る。カードについたクリームはそのまま残しておく。

オーブンペーパーの上から軽くおさえて整え、一度オーブンペーパーを広げる。カードに残しておいたクリームで側面の隙間を埋める。反対側も同様にして隙間を埋める。

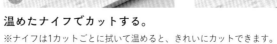

巻き終わりが下にくるようにして、冷蔵庫で30分程度休ませる。

温めたナイフでカットする。
※ナイフは1カットごとに拭いて温めると、きれいにカットできます。

別立てで生地を作るとスフレのようにしゅわっと軽い食感に！
生クリームとフルーツとの相性も、見た目の美しさも抜群です。
私のYouTubeチャンネルでも紹介したことがある人気のケーキですが、
卵3個使い切りのより作りやすいレシピに改良しました。
ちょっと特別な日に、おもてなしに、ぜひ作ってみてくださいね。

⏱ 作業時間 **40**分 + 焼き時間 **15**分

# 別立て
# フルーツロールケーキ

## ポイント

- メレンゲのかたさはツノが垂れるくらいでストップ
- フルーツは間隔をあけて並べるときれいな断面に

## 学べること

- 共立て生地と別立ての生地の違い
- フルーツを入れたロールケーキの巻き方

### 材料（28cmロール天板 1枚分）

■ロール生地
| 卵黄…3個分
| グラニュー糖…30g
| 牛乳…30g
| 米油…20g
| 薄力粉…50g
| 卵白…3個分
| グラニュー糖…55g（メレンゲ用）

■巻くフルーツ
| いちご…4粒
| キウイ…1/2個
| バナナ…1/2本

■デコレーション
| いちご…4粒
| ブルーベリー…適量

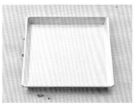

はちみつロールケーキと同じロール生地用の天板使用

■生クリーム
| 生クリーム（40％程度）…200g
| グラニュー糖…16g

### 下準備

- ロール天板に型紙を敷く（→P.17）ⓐ。
- 卵は卵黄と卵白に分け、卵白は使う直前まで冷蔵庫で冷やす。
- 氷水を用意する。

準備ができたら、作ってみよう！

ハンドミキサー

ボウルに卵黄を入れてほぐし、グラニュー糖を加えてハンドミキサー（中速）で白くもったりするまで泡立てる。

ふるい、ゴムベラ

混ぜ終わり

薄力粉を一度に全てふるい入れ、ゴムベラで返すように混ぜ合わせる。

※ボウルの周りについた粉もしっかり混ぜます。
※ボウルを回しながら混ぜるとやりやすいです。

## ロール生地を作る（卵黄生地とメレンゲを合わせる）

ゴムベラ

ハンドミキサー（低速）で約30秒、気泡のキメを整える。

※ハンドミキサーは動かさず、ボウルをゆっくり回します。

③の卵黄のボウルに⑤のメレンゲの1/3を加え、ヘラで生地を返すように合わせる。

混ぜ終わり

米油を少しずつ加えてなじむまで混ぜたら、続けて牛乳も同様に少しずつ加えて混ぜる。

## ロール生地を作る（メレンゲを作る）

ハンドミキサー

オーブン予熱スタート（180℃）

別のボウルで卵白だけを軽く泡立て、グラニュー糖を全て一度に加える。ハンドミキサー（高速）で泡立て、ツノが垂れるくらいのかたさに泡立てる。

※メレンゲはやわらかすぎるとふくらまず、かたすぎるとクリームを巻くときに生地が割れやすくなります。

合わせ終わり

⑥をメレンゲのボウルへ全て戻し入れる。全体のムラがなくなるまで⑥と同じように生地を返し合わせる。

※メレンゲの気泡をつぶさないよう、力を入れず返し合わせます。
※できるだけ時間をかけないように手早く、全体が混ざったらストップし、混ぜすぎないようにします。

第5章　ケーキ　フルーツロールケーキ　作り方

## ロール生地を作る（焼成する）

カード

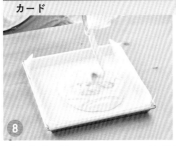  

**8** 型に生地を流し入れ、カードなどを使って、まずは四隅にしっかり生地を行き渡らせる。表面を平らにならす。

※カードを持つ手の向きを変えるのではなく、型を回して向きを変えると均一に力がかかり、きれいにならすことができます。
※はちみつロール（共立て生地）とは状態が異なるので、自然とは広がっていきません。カードでていねいに広げましょう。

## フルーツとクリームの準備

ナイフ　　　　　　　　　　ハンドミキサー

 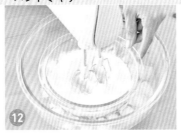 

**11** フルーツをカットする。いちごは縦に1/4、キウイは半分を縦に1/4、バナナは半分を縦に1/4にする。

**12** 生クリームにグラニュー糖を加え、ボウルを氷水に当てながらハンドミキサーで8分立てに泡立てる。

※クリームがやわらかいとロール生地に巻いたときに形を保てず、ダレやすいので少しかために泡立てます。

## クリームを伸ばし広げる

カード

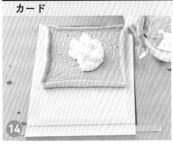  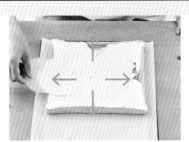

**14** **12**の泡立てたクリームの3/4をロール生地の中心にのせ、カードを使って全体に均一に伸ばす。

※まずは角へ、次に辺に向かって中心のクリームを外側に広げていくイメージです。
※滑り止めとして、シルパットやかたく絞った濡れ布巾をオーブンシートの下に敷くと、作業がしやすくなります。
※残りのクリームはデコレーションで使うので乾燥しないようラップをかけて、冷蔵庫へ。

生地の表面が平らになったら、10cmくらいの高さから一度落としてショックを入れ、大きな気泡を抜き、180℃で約15分焼成する。

焼き上がったらすぐに、10cmくらいの高さから落としてショックを入れ、型から外してケーキクーラーの上でさます。

※焼き色がつき、中央を指の腹で軽く押して跳ね返りがあれば焼き上がり。

## ロール生地の型紙をはがす

オーブンペーパー

さめたロール生地についている側面の型紙をていねいにはがし、ラップをかぶせて裏返す。型紙をはがし、生地より10cmほど長く切ったオーブンペーパーをかぶせて裏返し、ラップを外す。

※はちみつロール（共立て生地）とは異なり、焼き面にクリームとフルーツをのせて巻くので、2回裏返します。

2cm

巻き終わり2cmくらいの部分のクリームをカードで取る。段差をなめらかにならす。カードについたクリームはそのまま残しておく。

149

**フルーツを並べる**　　　　　　　　　　　　　　**巻き上げる**

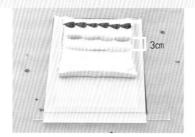
3cm　　　3cm

⑮フルーツを3cm程度の間隔をあけて並べる

※巻き上げたとき、あけた間隔の部分にクリームが入り込みます。

生地を持ち上げ、手前のフルーツがある部分を中心に軸を作る。

一度オーブンペーパーを広げる。⑮のカードに残しておいたクリームで側面の隙間を埋める。反対側も同様にして隙間を埋める。

再度オーブンペーパーをかぶせて定規などを使ってロールを締める。

**絞り袋**

残しておいた⑫クリームを丸口金で絞り、フルーツを飾る。

※ここではまず、クリームを間隔あけながら左右交互に絞り、ヘタつきのまま縦二等分にカットしたいちごを左右にずらしながらクリームの間に飾っています。仕上げにブルーベリーも左右交互にのせることで立体的でバランスのよいデコレーションに。

⑱ 力を入れず一気に転がすように巻いていき、オーブンペーパーの上から軽くおさえて整える。

※力を入れると生地が割れやすいので、オーブンペーパーを持ち上げて中心軸を転がすイメージで巻きます。

## デコレーション＆カット

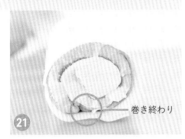

⑳ 巻き終わり

㉑ 巻き終わりが下にくるようにして、冷蔵庫で30分休ませる。

ナイフ

㉒ 温めたナイフで両側面をカットする。

※ナイフは1カットごとに拭いて温めると、きれいにカットできます。
※フルーツがきれいに見える部分までカットすると断面がきれいに仕上がります。

## 理論

# 共立てと別立て

## 作り方の違いで生地はどう変わる？

はちみつロールケーキは「共立て」、フルーツロールケーキは「別立て」の作り方でロール生地を作っています。製法を逆にして作ることも可能です。ロール生地以外でもそれぞれの製法を用いることがあります。ここでは、それぞれの製造にどんな特徴があるかを学んでみましょう。

| | 共立て | 別立て |
|---|---|---|
| 仕上がり | しっとり、ふんわり食感 | きめ細かい、しゅわっと軽い食感 |
| 卵 | 卵黄と卵白に分けない | 卵黄と卵白に分ける |
| 気泡の作り方 | 全卵を温めながら泡立てて気泡を作る | 卵白をメレンゲにして気泡を作る |
| ポイント | 全卵をしっかり泡立てて、粉をしっかり合わせる | メレンゲの気泡はつぶれやすいのでできるだけ少ない回数で生地を合わせる |

⏱ 作業時間 **35**分 + 焼き時間 **30**分

アレンジ
レシピ

# バナナのアップサイドダウンケーキ

## ポイント

- カラメルソースはヘラで混ぜずに
  鍋を回す
- 卵は泡立てすぎない
  →スポンジ生地ほど泡立てない
- 温かいうちに型から外す

## 学べること

- 基本のカラメルソースの作り方
- 卵を温めずに泡立てる、密度が高
  くしっとりした生地の作り方

### 材料（直径15cm×高さ6cm丸型 1台分）

■生地

バナナ…2本
くるみ（素焼きのもの）…15 g
全卵…2個
グラニュー糖…85 g
薄力粉…55 g
アーモンドプードル…30 g
無塩バター…50 g
ラム酒…10 g（あれば）

■カラメルソース

グラニュー糖…50 g
水…15 g（大さじ1）
お湯…15 g（大さじ1）

底の取れない
タイプが
おすすめ

### 下準備

- 型の側面に敷く型紙を用意する（→P.16）ⓐ。
- 卵を室温に戻す（25℃程度がベスト）。
- 薄力粉、アーモンドプードルを合わせる。

**準備ができたら、作ってみよう！**

型の底に敷き詰めたバナナをひっくり返して、逆さま（アップサイドダウン）にするケーキ。
型から外した出来上がりはツヤツヤのカラメルが美しい！
スポンジケーキのような作り方をしますが
アーモンドとバターがたっぷり入る、しっとり感が強いリッチな生地。生地にしみ込んだ
カラメルソース、くるみの食感やラム酒の香りも楽しんで。

## カラメルソースを作る

小鍋

小鍋にカラメルソース用のグラニュー糖と水を入れ、中火にかける。全体が沸騰し、しばらくすると少しずつ色づいてくる。

※カラメルソースは、加熱中にヘラを使って混ぜると砂糖が結晶化してしまうので、常に鍋を回して全体を均一に混ぜます。

火を止める

カラメル色になったところで火を止め、お湯を加える。

※跳ねるので火傷に注意します。

※焦がしすぎると焼成でさらに煮詰まるので、苦くなってしまいます。余熱でも加熱が進むので、目的の色味になる少し手前で火を止めます。

## カラメルソースを型に入れる

丸型

沸騰が落ち着いたら熱いうちに型に流し、型を回して底全体にカラメルソースをいき渡らせる。

※型の材質がテフロンでない場合は、カラメルソースを入れる前に底に薄く油を塗って、型紙を敷きます。

固まるまでさまし、カラメルソースが固まったら側面に型紙を敷く。

ナイフ

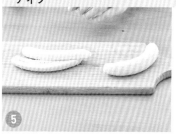

**5** バナナを縦半分にカットし、カットした面を下にして型に敷き詰める。

※できるだけぎゅうぎゅうに敷き詰めると、焼成後に型から外したとき、きれいにバナナの面が出てきます。

**6** くるみを手で砕き、バナナの上に散らす。

## 卵を泡立てる

ハンドミキサー

オーブン予熱スタート（170℃）

**8** ボウルに卵を割りほぐし、グラニュー糖を加える。ハンドミキサー（高速）で泡立てる。

※温めずに泡立てることで、密度の高い気泡になります。
※気温が低い時期は泡立ちが悪くなるので、軽く湯せんに当てると気泡ができやすくなります。「基本のスポンジ（→p.116）」の「卵を泡立てる」工程を参考に。

## 粉を合わせる

ふるい、ゴムベラ

**11** 薄力粉とアーモンドプードルを一度にふるい入れ、ヘラで生地を返すように混ぜ合わせる。

## 油脂を混ぜ合わせる

**12** 粉気がなくなったら温めたバターとラム酒のボウルに**11**の生地をゴムベラでたっぷりふたすくい入れる。

## バターを溶かし温める

バナナの丸みのある部分には少し押し込むようにして、全体に散らす。

耐熱容器にバターとラム酒を入れてラップをし、電子レンジ（600W）1分加熱し、バターを溶かす。

※レンジから出すとさめていくので、ここでは少し熱いと感じるくらいまで温めておきます。

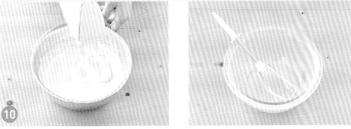

全体がもったりし、生地で8の字を書いてゆっくり消えていく程度になったら泡立て終わり。

※泡立てすぎると、生地が軽くなりすぎてしまいます。

ハンドミキサー（低速）で1分程度気泡のキメを整える。終わったら、ハンドミキサーの羽を一本、⑦のバターとラム酒のボウルに入れておく。

⑫をハンドミキサーの羽でよく混ぜて、⑪の生地に戻し入れる。ヘラで生地を返すように混ぜて、全体を均一な状態にする。

※油脂は重くて沈みやすく、気泡をつぶしてしまう性質もあるので生地と比重を近づけてから生地と混ぜると、生地全体を混ぜる回数が減り気泡がつぶれにくくなります。

※油脂には気泡を消してしまう性質があるので、混ぜすぎないように。

## 焼成する

### 丸型

型に生地を流し入れ、低い位置から数回落としてショックを入れ生地の中の大きな気泡を抜き、170℃のオーブンで約30分焼成する。中央を指で軽く押し、跳ね返りがあれば焼き上がり。

※生地が少し焼き縮みしている状態も、焼き上がりのめやすです（型と生地の間に間隔ができる）。

## 型から外す

  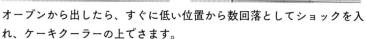 

オーブンから出したら、すぐに低い位置から数回落としてショックを入れ、ケーキクーラーの上でさます。

型の周りが手で触れる程度の温かさまでさめたら、側面の型紙をゆっくり引き抜く。

型の上に盛りつける皿をのせてひっくり返し、そっと型を外す。

※完全にさめるとカラメルが粘度を持ち、型から外しにくくなります。完全にさめてしまったら、型の底を軽く温めてから外してください。

# スポンジの仕込みと仕上がり

基本のスポンジケーキ作りで「しぼんでしまった」「ふくらみが悪い」「ふわふわの食感にならない」場合に、よく見られる失敗例と、成功例の生地の仕上がりを比較しました。同じ材料、同じ条件で作っても「粉合わせ」と「ショック」だけで、仕上がりはまるで別物になってしまいます。

## ◯ 通常のよい状態

内側

外側

キメ細かく、均等な仕上がり　　　　　　　さめても、しぼまず高さをキープ

粉合わせをしっかりとツヤがでて、流動性が出るまで行った生地を焼いてすぐショックを入れてからさますと、しぼまずふわふわの食感をキープできる。

- - - - - - - - - - - - - - - - - - - - - - - - - - - - - - - - - - - - - - -

## ✕ 粉合わせが足りなかった（生地にツヤが出るまで混ぜなかった）

内側

外側

キメが整わず、詰まり具合に偏りがある　　うまくふくらまない

粉合わせをしっかり行わないと、ふくらみやキメに偏りのある粗い生地になってしまう。ショックを入れても、余分な水蒸気が抜けきらず、しっとり食感にはならない。

- - - - - - - - - - - - - - - - - - - - - - - - - - - - - - - - - - - - - - -

## ✕ 焼き上がりでショックを入れなかった

内側

外側

さめたら中心に向かってしぼみ、目詰まりの状態に。偏りもできてしう　　　　　　さめたら、しぼんでしまう

「通常のよい状態」と同様に粉合わせをしっかり行っても、ショックを入れないと余分な水蒸気が内部に残り、中心に向かってしぼんでしまう。ふわふわの食感も失われる。

## staff

**デザイン**　岡 睦（mocha design）、更科絵美

**撮影・スタイリング**　さくらいしょうこ

**撮影協力**　明治フレッシュネットワーク株式会社、株式会社オザキ、日の本穀粉株式会社

**調理アシスタント**　永坂茉奈

**校正**　夢の本棚社


**参考文献**

『科学でわかる お菓子の「なぜ？」 基本の生地と材料のQ&A231』（柴田書店）

『新版 お菓子「こつ」の科学』（柴田書店）

## 中嶋 咲絵（なかじま　さきえ）

製菓衛生師、菓子製造技能士1級。千葉県洋菓子協会 理事をつとめる。

1984年生まれ、千葉県船橋市出身で県内の洋菓子店「モンペリエ」で11年修行。その後、製菓専門学校の教員として4年勤務し、製菓実習、製菓理論などの座学授業を受け持つ。独立し、日本全国・海外の世界中どこからでも受講できる「オンラインスイーツスクールSaki.+」を開講。

現在は、一般の方に向けてお菓子作りを教える仕事を軸に、TV出演や、レシピ開発、企業主催の外部講師、焼菓子の販売なども行っている。パティシエ（作る）と製菓専門学校教員（教える）のどちらも極めたお菓子のスペシャリストとしての知見を広く発信するYouTubeチャンネルも好評で、登録者は10万人を突破。趣味はキャンプ。

YouTube　Saki plus【パティシエのお菓子作り】　@sakiplus
Instagram　@saki.plus
X（旧Twitter）　@sakiplus_sweets
公式LINE　@279givjw

公式HP
【教室】オンラインスイーツスクールSaki.+
https://saki-plus.com/

【バターサンド販売】　Saki.plus
https://sakiplus.theshop.jp/
（URLはすべて2024年1月現在）

# 手作りお菓子の教科書

## プロが教える本当のコツ

2024年2月16日　初版発行

著者／中嶋　咲絵

発行者／山下 直久

発行／株式会社KADOKAWA
〒102-8177　東京都千代田区富士見2-13-3
電話　0570-002-301(ナビダイヤル)

印刷所／図書印刷株式会社

製本所／図書印刷株式会社

●お問い合わせ
https://www.kadokawa.co.jp/ (「お問い合わせ」へお進みください)
※内容によっては、お答えできない場合があります。
※サポートは日本国内のみとさせていただきます。
※Japanese text only

定価はカバーに表示してあります。